essentials

Essentials liefern aktuelles Wissen in konzentrierter Form. Die Essenz dessen, worauf es als „State-of-the-Art" in der gegenwärtigen Fachdiskussion oder in der Praxis ankommt. *Essentials* informieren schnell, unkompliziert und verständlich

- als Einführung in ein aktuelles Thema aus Ihrem Fachgebiet
- als Einstieg in ein für Sie noch unbekanntes Themenfeld
- als Einblick, um zum Thema mitreden zu können

Die Bücher in elektronischer und gedruckter Form bringen das Fachwissen von Springerautor*innen kompakt zur Darstellung. Sie sind besonders für die Nutzung als eBook auf Tablet-PCs, eBook-Readern und Smartphones geeignet. *Essentials* sind Wissensbausteine aus den Wirtschafts-, Sozial- und Geisteswissenschaften, aus Technik und Naturwissenschaften sowie aus Medizin, Psychologie und Gesundheitsberufen. Von renommierten Autor*innen aller Springer-Verlagsmarken.

Thomas Liebetruth

Operational Excellence für die Logistik

Konzepte, Instrumente
und Umsetzung in der Praxis

Springer Gabler

Thomas Liebetruth
OTH Regensburg Fakultät Business and Management
Ostbayerische Technische Hochschule
Regensburg, Deutschland

ISSN 2197-6708 ISSN 2197-6716 (electronic)
essentials
ISBN 978-3-658-51240-8 ISBN 978-3-658-51241-5 (eBook)
https://doi.org/10.1007/978-3-658-51241-5

Die Deutsche Nationalbibliothek verzeichnet diese Publikation in der Deutschen Nationalbibliografie; detaillierte bibliografische Daten sind im Internet über https://portal.dnb.de abrufbar.

Springer Gabler ist ein Imprint der eingetragenen Gesellschaft Springer Fachmedien Wiesbaden GmbH und ist ein Teil von Springer Nature.
Die Anschrift der Gesellschaft ist: Abraham-Lincoln-Str. 46, 65189 Wiesbaden, Germany

Wenn Sie dieses Produkt entsorgen, geben Sie das Papier bitte zum Recycling.

Was Sie in diesem *essential* finden können

- Eine Beschreibung der wichtigsten Perspektiven von Operational Excellence in der Logistik
- Einen Überblick über die wichtigsten Konzepte, auf denen Operational Excellence in der Logistik basiert
- Eine praxisorientierte Erläuterung wesentlicher Instrumente zur Umsetzung von Operational Excellence
- Die wichtigsten Erfolgsfaktoren zur organisatorischen Verankerung von Operational Excellence

Vorwort

Eine tragfähige Strategie ist die Basis für unternehmerischen Erfolg. Aber mindestens genauso wichtig ist eine konsequente und exzellente Umsetzung. Über die vergangenen Jahrzehnte haben sich dazu verschiedene Konzepte wie TQM oder Prozess- bzw. Lean Management herausgebildet. Operational Excellence hat den Anspruch einen ganzheitlichen Rahmen zu schaffen, um diese verschiedenen Konzepte im Sinne des Besten aus verschiedenen Welten zusammenzuführen. In diesem Beitrag, der mich gleichzeitig bei der Neuausrichtung meiner Seminare und Lehrveranstaltungen begleitet hat, fasse ich die aus meiner Sicht für die Logistik wichtigsten Perspektiven, Konzepte und Instrumente kurz und übersichtlich zusammen. Zudem freut es mich, dass ich die erfahrene Logistik- und Operational Excellence-Expertin Maj-Britt Pohlmann für einen Impuls aus der Praxis zu Führung und Kultur gewinnen konnte. Auf meinem Blog better-process.com gibt es noch mehr Informationen zu einzelnen Konzepten und Instrumenten rund um Operational Excellence.

Thomas Liebetruth

Einleitung

Kundenerwartungen verändern sich schnell, technologische Entwicklungen, wie aktuell künstliche Intelligenz, setzen Prozesse unter Druck, und die Anforderungen an Effizienz, Qualität und Nachhaltigkeit steigen stetig. Das gilt insbesondere für die Logistik. Deshalb sind Unternehmen gut beraten, nicht nur einzelne Abläufe zu optimieren, sondern die gesamte Organisation konsequent auf operative Exzellenz auszurichten. Der englische Fachbegriff hierfür ist Operational Excellence oder kurz OpEx.

Operational Excellence ist dabei weit mehr als ein Methodenbaukasten. Es handelt sich um einen ganzheitlichen Managementansatz, der darauf abzielt, Kundenbedürfnisse bestmöglich zu erfüllen, Verschwendung zu minimieren und eine lernende, agile Organisation zu entwickeln. Dabei geht es nicht nur um Prozesse, sondern auch um Menschen, Technologien, Strukturen und vor allem um konsequente Umsetzung.

Dieses praxisorientierte Essential richtet sich an Studierende, Young Professionals sowie Fach- und Führungskräfte, die sich kompakt, aber fundiert mit den Grundlagen, Instrumenten und Erfolgsfaktoren von Operational Excellence in der Logistik beschäftigen möchten. Die Inhalte basieren auf meiner langjährigen Lehr- und Beratungserfahrung und greifen typische Fragen aus Vorlesungen, Seminaren und Projekten auf:

- Welche Konzepte und Methoden gehören zu Operational Excellence?
- Wie lassen sich diese Konzepte konkret in der Logistik anwenden?
- Welche Rolle spielen Führung, Kultur und Technologie?
- Wie kann Operational Excellence erfolgreich in Organisationen verankert werden?

Der Aufbau dieses Essentials orientiert sich an vier Perspektiven, die Operational Excellence prägen:

1. Prozesse & Qualität
2. People & Culture
3. Finanzielle Perspektive
4. Technologie & Innovation

Nach einer kurzen Einführung in diese Perspektiven werden zentrale Konzepte, auf denen Operational Excellence aufbaut, wie Lean Management, Supply Chain Management oder Change Management kompakt erklärt. Darauf folgt eine praxisorientierte Toolbox mit bewährten Instrumenten wie 5S, Gemba Walk, Prozesskostenrechnung oder Low-Code-Anwendungen. Ein separates Kapitel widmet sich der organisatorischen Umsetzung, also der Frage, wie Rollen, Strukturen und Verantwortlichkeiten für Operational Excellence konkret verankert werden können.

Im Verlauf des Essentials werden verschiedene Beispiele aus der Logistikpraxis genannt. Zum Einstieg hier ein kurzer Teaser: „Bei einem mittelständischen Logistikdienstleister mit mehreren Umschlaglagern stand die Geschäftsführung vor der Frage: Wie können wir Qualität, Transparenz und Innovationsfähigkeit steigern – ohne die Mannschaft zu überfordern? Gemeinsam mit einem internen OpEx-Team wurden Gemba Walks eingeführt, die Prozesse mit Wertstrommethoden analysiert und erste digitale Workflows mit einer Low-Code-Plattform automatisiert. Nach sechs Monaten zeigte sich: Die operativen Teams identifizierten Verbesserungspotenziale selbstständig, die Kundenzufriedenheit stieg messbar – und der IT-Support wurde spürbar entlastet."

Inhaltsverzeichnis

Perspektiven der Operational Excellence

1

„Operational excellence overall deals with the efficiency and optimization of individual processes [...] and continuous improvement [...] over a mostly long period throughout an operation [...]. Therefore operational excellence is rooted in different approaches like Lean Management, Six Sigma, [...] Business Process Management and continuous improvement or specific with the situation related processes [...]. Furthermore [...] operational excellence empowers employees by an atmosphere [...] within in company that triggers the accomplishment of optimal performance. This will lead to lower operational risks, lower operations cost as well as increased revenues [...] in addition to a more sustainable [...] customer satisfaction and loyalty." (Müller und Müller (2020), S. 78)

Wie in der obigen Definition dargestellt, bezeichnet Operational Excellence (OpEx) einen ganzheitlichen, syst1nematischen Ansatz zur Gestaltung, Steuerung und kontinuierlichen Verbesserung der operativen Leistung eines Unternehmens. Im Zentrum steht die Fähigkeit, Kundennutzen effizient und konsistent zu liefern, Verschwendung zu minimieren und eine Kultur der Exzellenz und des Lernens zu entwickeln. Im Unterschied zur klassischen Prozessoptimierung zielt Operational Excellence daher nicht nur auf punktuelle Verbesserungen ab, sondern auf die nachhaltige und ganzheitlich gedachte Entwicklung exzellenter Abläufe, Strukturen und Arbeitsweisen im gesamten Unternehmen und über die gesamte Wertschöpfungs- bzw. Prozesskette hinweg. Aus diesem Verständnis lassen sich mit Prozesse & Qualität, People & Culture, Finanzen & Steuerung und Technologie & Innovation vier Perspektiven von Operational Excellence ableiten. Diese vier Perspektiven bilden das strukturelle Fundament dieses Essentials.

Dabei ist die Abgrenzung zur Strategie wichtig: Operational Excellence ist keine Strategie, sondern ein konsequenter Umsetzungsansatz, der sicherstellt, dass

© Der/die Autor(en), exklusiv lizenziert an Springer Fachmedien Wiesbaden GmbH, ein Teil von Springer Nature 2026
T. Liebetruth, *Operational Excellence für die Logistik*, essentials,
https://doi.org/10.1007/978-3-658-51241-5_1

die strategischen Ziele des Unternehmens täglich in der operativen Realität wirksam werden. Eine exzellente Ausführung kann schwache Strategien nicht kompensieren, aber selbst die beste Strategie wird ohne exzellente Umsetzung scheitern. Operational Excellence ist die Fähigkeit, Dinge nicht nur „richtig", sondern immer wieder richtig zu tun. Daher muss Operational Excellence aus der Strategie abgeleitet sein, aber sie ist nicht deren Ersatz. Wer das falsche Produkt auf dem falschen Markt mit der besten Technologie und perfektem Ablauf vertreibt, bleibt trotzdem erfolglos. Operational Excellence setzt voraus, dass ein klarer strategischer Nordstern vorhanden ist. Dann kann Operational Excellence unterstützen, dieses Zielbild konsequent umzusetzen.

1.1   Prozesse & Qualität

Exzellente Unternehmen beherrschen ihre operativen Prozesse. Das betrifft sowohl die direkt wertschöpfenden Prozesse der Logistik- und Supply-Chain-Abläufe als auch unterstützende und administrative Prozesse etwa in IT, Planung oder Kundenservice. In einer komplexen Lieferkette zählt jeder Schnittpunkt, jede Übergabe, jeder Informationsfluss.

Operational Excellence verlangt hier nach einer sauberen Prozessgestaltung, eindeutigen Verantwortlichkeiten und klaren Standards. Qualität bedeutet in diesem Kontext nicht nur Fehlerfreiheit, sondern die konsequente Ausrichtung auf den Kundennutzen. Tools wie die Wertstromanalyse, 5S, BPMN-Diagramme oder Gemba Walks helfen dabei, Prozesse sichtbar und verbesserbar zu machen. Qualität entsteht dabei nicht nur durch Planung, sondern auch durch Führung vor Ort, durch Verantwortung aller Beteiligter und durch eine sinnvolle Auswahl an Kennzahlen, die täglich in der Praxis genutzt werden.

1.2   People & Culture

So sehr Prozesse und Technologien auch im Fokus stehen, Exzellenz entsteht durch motivierte, qualifizierte und eingebundene Mitarbeitende als der wichtigste Erfolgsfaktor. Und sie brauchen eine Kultur, die Lernen, Veränderung und Verantwortungsübernahme ermöglicht. Eine häufige Herausforderung besteht darin, alte Routinen zu durchbrechen – vor allem dort, wo „das war schon immer so" tief verwurzelt ist.

Operational Excellence bedeutet deshalb auch, die Voraussetzungen für eine lernende Organisation zu schaffen: Feedback geben, Verbesserungen zulassen, aus

Fehlern lernen und gemeinsam weiterentwickeln. Methoden wie Kata-Coaching, Shopfloor-Management, aber auch die Prinzipien aus dem Change Management oder dem Design Thinking helfen dabei, eine konstruktive Veränderungskultur zu entwickeln. Hier zeigt sich: Exzellenz braucht Führung, Haltung und oft auch Geduld.

1.3   Finanzen & Steuerung

Operational Excellence ist kein Selbstzweck. Verbesserungen müssen sich auch wirtschaftlich bemerkbar machen, beispielsweise durch geringere Kosten, größere Liefertreue, bessere Ressourcennutzung oder höhere Kundenzufriedenheit. Dabei geht es weniger um radikale Kostensenkungen als vielmehr um eine wertorientierte Effizienz, die auf den Unternehmenserfolg gerichtet ist.

Instrumente, wie die Prozesskostenrechnung und eine geeignete Auswahl an Steuerungskennzahlen, ermöglichen die Identifikation unnötiger Tätigkeiten und bilden die Grundlage für fundierte Entscheidungen. Hier wird auch deutlich, wie eng diese Perspektive mit der Qualitätsperspektive verzahnt ist: Ineffiziente Prozesse sind oft auch fehleranfällig – bzw. umgekehrt. In dieser Perspektive geht es dabei nicht nur um ein Zahlenwerk, sondern um die Gestaltung eines Führungsinstruments, das Orientierung gibt. Besonders wirkungsvoll wird es, wenn mit Kennzahlen gearbeitet wird, wo die Wertschöpfung stattfindet: im Shopfloor-Management.

1.4   Technologie & Innovation

In der Logistik eröffnen Technologien enorme Potenziale für Exzellenz. Sei es durch Automatisierung, digitale Workflows, Sensorik, Datenanalyse oder Künstliche Intelligenz. Doch technologische Innovation entfaltet ihre Wirkung nur, wenn sie sinnvoll in Prozesse und Organisation eingebettet wird. Operational Excellence bedeutet hier, Technologie nicht als Selbstzweck zu betrachten, sondern als gezielten Hebel für konkrete Verbesserungen: Schneller, transparenter, zuverlässiger, skalierbarer.

Damit das gelingt, braucht es nicht nur Technologie oder IT-Know-how, sondern auch ein grundlegendes Verständnis für die Prozesse. Idealerweise ist das in funktionsübergreifenden Teams aus Fachbereich, IT und Führungskräften gebündelt. Dann können Tools, wie digitale Dashboards, automatisierte Auswertungen oder auch Low/No-Code-Anwendungen dabei helfen, Prozesse schneller zu gestalten und Engpässe frühzeitig zu erkennen. Entscheidend ist dabei: Technologie folgt dem Prozess und nicht umgekehrt.

1.5　　Zusammenspiel der Perspektiven

Die vier Perspektiven sind keine isolierten Sichten, sondern – wie oben schon angedeutet – systemisch miteinander verknüpft. Wer nur auf Prozesse achtet, aber die Menschen vergisst, wird scheitern. Wer in Technologie investiert, aber keine Kultur der Veränderung schafft, wird ausgebremst. Wer Kosten optimiert, aber Qualität opfert, verliert Kunden. Operational Excellence entsteht im Zusammenspiel dieser Perspektiven, was die Umsetzung anspruchsvoll, aber auch wirksam macht.

Konzepte für Exzellenz 2

In diesem Essential beschreibt ein Konzept einen grundlegenden, theoriegestützten Denkansatz oder Handlungsrahmen, der Prinzipien, Ziele und Strukturen vorgibt (z. B. Lean Management, Supply Chain Management, Change Management). In Abgrenzung dazu wird ein Instrument als ein konkretes methodisches Verfahren, mit dem ein Konzept praktisch umgesetzt wird (z. B. 5S, Wertstromanalyse, Gemba Walk), verstanden. Die Instrumente werden im darauffolgenden Kapitel präsentiert.

In Zusammenhang mit Operational Excellence werden in wissenschaftlichen Veröffentlichungen viele Konzepte als Elemente oder Treiber genannt (vgl. Trakulsunti et al. 2025; Hajjem et al. 2025). Darunter fallen insbesondere Lean Management, Kontinuierliche Verbesserung, Six Sigma, aber auch Agile. Außerdem werden an einigen Stellen Technologien wie KI oder Big Data genannt. Im Folgenden werden die Ideen und Prinzipien der wichtigsten Konzepte skizziert und deren Verbindung zu den zuvor genannten Perspektiven beschrieben.

2.1 Lean Management & Kontinuierliche Verbesserung (KVP)

Die American Society for Quality (ASQ 2025) definiert Lean (Management) kurz und knapp als „a set of management practices to improve efficiency and effectiveness by eliminating waste." Lean Management zielt also darauf, Kundennutzen zu maximieren und Verschwendung systematisch zu eliminieren. Ursprünglich im Toyota-Produktionssystem entwickelt, hat sich Lean zu einem universellen Managementansatz gewandelt. Im Zentrum stehen Stabilität, Standardisierung, transparente Prozesse und eine Kultur der kontinuierlichen Verbesserung (KVP).

T. Liebetruth, *Operational Excellence für die Logistik*, essentials, https://doi.org/10.1007/978-3-658-51241-5_2

Kernidee von Lean Management ist die Unterteilung aller Aktivitäten in Unternehmen in wertschöpfende Aktivitäten, unterstützende (z. B. Logistik) und Verschwendung bzw. unnötige Aktivitäten. Taiichi Ohno, der Vordenker von Lean Management und dem Toyota Produktionssystem, hat checklistenartig sieben Arten von Verschwendung identifiziert, die durch eine achte, Mitarbeiter-zentrierte, ergänzt wurden und mit dem Akronym TIM WOOD(S) als Eselsbrücke beschrieben werden können:

1. *Transport:* Unnötige Transportwege erhöhen das Risiko für Beschädigungen, verlängern Durchlaufzeiten und binden Kapazitäten. In der Logistik zeigt sich das etwa in mehrfachen Umlagerungen, langen internen Transportwegen oder Zwischentransporten zwischen Lagerzonen.
2. *Inventory:* Zu hohe Lagerbestände binden Kapital, beanspruchen Fläche und erhöhen das Risiko veralteter oder beschädigter Ware. Ursachen sind oft Angst vor Fehlmengen oder fehlende Transparenz in der Disposition.
3. *Motion:* Wenn Mitarbeitende weite Wege zurücklegen oder manuell sortieren müssen, entsteht unnötiger Aufwand. Ursachen liegen häufig in schlecht gestalteten Lagerlayouts, nicht standardisierten Arbeitsplätzen oder unergonomischen Abläufen.
4. *Waiting:* Wartezeiten entstehen dort, wo Menschen, Maschinen oder Prozesse auf Input wie Material, Informationen oder Systeme warten. In der Logistik ist das besonders sichtbar im Wareneingang oder an der Rampe. Die gleiche Wirkung hat auch das aktive Suchen nach Informationen oder Geräten.
5. *Overproduction:* Überproduktion gilt im Lean Management als die „Mutter aller Verschwendung", da sie viele andere Probleme (z. B. Umlagern, Flächenbedarf oder Beschädigungen) nach sich zieht. In der Logistik fällt etwa das vorsorgliche Drucken von Etiketten für noch nicht freigegebene Aufträge oder ein vorzeitiger Aufbau von Verpackungen darunter.
6. *Overprocessing:* Diese Verschwendungsart betrifft Prozessschritte, die aus Sicht des Kunden keinen Mehrwert erzeugen wie etwa doppelte Qualitätsprüfungen oder übermäßig detaillierte Dokumentation. Ursachen können in unklaren Standards, Misstrauen in Systeme oder unnötiger Bürokratie liegen.
7. *Defects:* Fehler in Prozessen verursachen nicht nur direkten Mehraufwand in Form von Nacharbeit, sondern können auch Kundenbeziehungen beschädigen. Typische Fehlerquellen in der Logistik sind falsch kommissionierte Aufträge, beschädigte Verpackungen oder fehlerhafte Scans.
8. *Skills Unused:* Die achte, häufig übersehene, Verschwendungsart betrifft nicht die Prozesse, sondern die Menschen. Wenn Mitarbeitende nicht in die

Verbesserung eingebunden werden, ihre Fähigkeiten nicht genutzt oder ihre Vorschläge ignoriert werden, bleibt wertvolles Wissen ungenutzt.

Lean Management basiert auf einigen Prinzipien, die zur Verringerung bzw. Eliminierung der oben beschriebenen Verschwendungsarten beitragen:

- *Kundenfokus:* Der Wert eines Produktes oder Dienstleistung wird aus Kundensicht bestimmt.
- *Wertstromdenken:* Alle Aktivitäten zur Erstellung des Produktes werden im Zusammenhang betrachtet.
- *Pull-Prinzip, Fluss, Takt:* Nur wenn der Kunde etwas benötigt, werden wertschöpfende Aktivitäten angestoßen, die gleichmäßig und ohne Wartezeiten ablaufen sollen.
- *Standardisierung und Problemlösung am Ort des Geschehens (Gemba):* Statt theoretische Analysen sind die tatsächlichen Abläufe zu untersuchen.
- *Kaizen bzw. kontinuierliche Verbesserung als Haltung:* Verbesserung durch alle, jeden Tag.

Lean Management schafft besonders sichtbare Wirkung in der Perspektive Prozesse & Qualität durch Instrumente wie Wertstromanalyse und 5S. Gleichzeitig beeinflusst es die finanzielle Perspektive, weil Verschwendung reduziert und Effizienz gesteigert wird. Und auch ohne eine Kultur, die Verbesserungen fördert (People & Culture), wird Lean jedoch nicht nachhaltig wirksam werden.

2.2   Supply Chain Management (SCM)

SCM betrachtet die gesamte Wertschöpfungskette über Unternehmensgrenzen hinweg, in einem Unternehmen aber mindestens von der Beschaffung bis zur Auslieferung. Ziel ist es, Material-, Informations- und Geldflüsse optimal aufeinander abzustimmen, Schnittstellen zu minimieren und so Kundenzufriedenheit, Liefertreue und Kostenstruktur möglichst gleichzeitig zu verbessern.

Das Council of Supply Chain Management Professionals (CSCMP 2025) fasst das in seiner Definition wie folgt zusammen: „Supply chain management encompasses the planning and management of all activities involved in sourcing and procurement, conversion, and all logistics management activities. Importantly, it also includes coordination and collaboration with channel partners, which can be suppliers, intermediaries, third-party service providers, and customers. In essence, supply chain management integrates supply and demand management within and across companies into a cohesive and high-performing business model."

Die Basis von Supply Chain Management bilden folgende Prinzipien:

- Die ganzheitliche End-to-End-Sicht auf Prozesse und Netzwerke ist die Voraussetzung zur Erzielung einesübergreifenden Optimums für die Kunden.
- Die Integration von Planung, Steuerung und Ausführung ermöglicht einen reibungslosen Ablauf von Prozessen.
- Eine strategische Zusammenarbeit mit Lieferanten und Kunden verhindert, dass an den Schnittstellen Probleme entstehen können.
- Digitale Transparenz & Echtzeitinformationen sind die Grundlage für eine zielorientierte Steuerung von Prozessen.
- Standardisierte Modelle wie SCOR (Supply Chain Operations Reference) helfen, ein gemeinsames Verständnis herzustellen.

Supply Chain Management (SCM) erweitert den Blick über Prozessgrenzen und Unternehmensgrenzen hinweg. SCM adressiert die Perspektive Prozesse & Qualität durch die Koordination von Lieferketten. Ein wichtiges Hilfsmittel ist dabei das SCOR-Modell. Die Perspektive Finanzielles & Steuerung umfasst das Controlling von Beständen, Durchlaufzeiten und die Gestaltung von Partnerschaften. Die Perspektive Technologie & Innovation repräsentieren digitale Transparenz im Rahmen des Internet of Things (IoT) und Echtzeitdaten bei Track&Trace. Und auch die Perspektive People & Culture ist z. B. bei bereichsübergreifender Zusammenarbeit und der Einbindung externer Partner tangiert.

2.3 Change Management

Operational Excellence benötigt häufig eine top-down angestoßene Veränderung bisheriger Vorgehensweisen. Eine solche Veränderung braucht Führung bzw. Begleitung. Das 8-Stufen-Modell von John P. Kotter (vgl. Kotter 2007) bietet einen praxisnahen Fahrplan, wie Organisationen eine gezielte Transformation erfolgreich gestalten können. Es beginnt mit einem gemeinsamen Dringlichkeitsgefühl und endet mit der Verankerung neuer Verhaltensweisen in der Unternehmenskultur. Kotter teilt den geführten Veränderungsprozess in die folgenden acht Schritte ein, die sich auch überlappen und iterierend ablaufen können:

1. Dringlichkeit erzeugen
2. Führungsteam aufbauen

3. Vision und Strategie entwickeln
4. Veränderung kommunizieren
5. Hindernisse beseitigen
6. Quick Wins erzielen
7. Erfolge sichern
8. Veränderung institutionalisieren

Change Management liefert insofern das Gerüst, wie neue Konzepte, Denkweisen oder aber auch Instrumente (z. B. Lean, SCM oder Design Thinking) erfolgreich implementiert werden. Das Konzept ist naturgemäß besonders stark auf People & Culture ausgerichtet und beschreibt, wie Veränderung kommuniziert wird, wie Mitarbeitende eingebunden werden und wie Kultur sich verändern muss. Gleichzeitig hat es Verbindungen zu den Perspektiven Prozesse & Qualität sowie Innovation & Technologie, weil zur Herstellung von Exzellenz konkrete Prozessveränderungen nötig sind oder neue digitale Tools oder Automatisierungslösungen eingeführt werden müssen.

2.4   Design Thinking

Design Thinking ist ein Nutzer-orientierter Ansatz, der Innovationen hervorbringen oder Probleme lösen kann und systematisch Empathie, Kreativität und Struktur verbindet. Eine Innovation ist dabei die Schnittmenge aus Nutzerbedürfnis, technischer Machbarkeit und Wirtschaftlichkeit. In der Logistik kann Design Thinking genutzt werden, um Prozesse aus Kundensicht neu zu denken, neue Services zu entwickeln oder ganz allgemein komplexe Herausforderungen kollaborativ zu lösen. Auf Basis der Prinzipien Multiperspektivität, Nutzerzentriertheit und lernend nach vorne gehen skizzieren Kerguenne et al. (2024) eine Vorgehensweise aus 10 Schritten.

Ein zentrales Prinzip im Design Thinking ist die **Multiperspektivität:** Komplexe Problemstellungen werden erst dann wirklich verstanden, wenn sie aus verschiedenen Blickwinkeln betrachtet werden (z. B. Nutzer, Mitarbeitende der beteiligten Prozesse, Technik/Engineering oder Controlling). Durch interdisziplinäre Teams entsteht ein breiteres Verständnis des Problems und seiner Kontextfaktoren. Diese Vielfalt an Erfahrungen und Denkweisen erhöht die Chance, blinde Flecken zu vermeiden, relevante Bedürfnisse frühzeitig zu erkennen und tragfähige, innovative Lösungen zu entwickeln. Gleichzeitig ist die Vielfalt auch eine potenzielle Quelle von Konflikten im Team, die es zu adressieren gilt. Die ersten drei Schritte sind deshalb:

1. *Möglichkeit entdecken und starten:* Am Anfang steht eine Projektidee mit Möglichkeiten, Hindernissen und angestrebten Zielen. Auf dieser Basis ist dann ein Team aufstellen, das möglichst viele verschiedene Perspektiven abbildet. Darüber hinaus ist ein Kreativraum zu schaffen, der für verschiedene Arbeitsmodi (Kreativität, arbeiten, Austausch) geeignet ist. Wichtig dabei ist flexibles Mobiliar, große Arbeitsflächen und Raum für Austausch.
2. *Ziel formulieren:* Damit das Team effektiv arbeiten kann, sind die intrinsische Motivation und die emotionalen Ziele der Teammitglieder (Stichwort Purpose!) zu klären. In diesem Schritt kann man bereits die Nutzerzentriertheit üben und persönliche Stärken transparent machen.
3. *Regeln aufstellen:* Um das Konfliktpotenzial des heterogenen Teams zu reduzieren und um Arbeitsprozesse zu beschleunigen, muss sich das Team Regeln geben. Im Zentrum stehen dabei Feedback üben und zur Gewohnheit machen, eine gemeinsame Sprache finden und schnelles Umschalten der Arbeitsmodi abzustimmen.

Das zweite Prinzip **Nutzerzentriertheit** bedeutet, dass jede Lösungsidee konsequent an den Bedürfnissen, Motivationen und realen Nutzungssituationen der späteren Anwender ausgerichtet wird. Anstatt vom eigenen Fachwissen oder von internen Annahmen auszugehen, rückt das Team die Perspektive des Nutzers in den Mittelpunkt. Ziel dabei ist, dass Lösungen nicht nur technisch machbar und wirtschaftlich sinnvoll sind, sondern vor allem echte Probleme lösen und im Alltag funktionieren. Die Schritte zur Umsetzung sind:

4. *Herausforderungen verstehen:* Statt mit umzusetzender Lösung zu beginnen, muss erst das Problem anhand Hypothesen zu den aktuellen Herausforderungen des Nutzers verstanden werden.
5. *Empathie aufbauen:* Die Hypothesen sind anhand verschiedener Methoden zu überprüfen – Interview (Journalist), Beobachten (Kommissar), Ausprobieren (Taucher). Zentral ist das Gewinnen von Erkenntnissen über Motive, Gefühle und Bedürfnisse.
6. *Nutzerstandpunkt definieren:* Die Grundlage für eine wirklich innovative Lösung ist das Herauskristallisieren der Hypothese, die am meisten überraschend wirkte und die ein großes Gap zwischen faktischem und emotionalem Bedürfnis offenbart. Die im weiteren Prozess zu beantwortende Frage hat dabei die folgende Struktur: „Wie können wir [Persona mit Alter, Charakteristik und Jobfunktion] helfen [Hauptbedürfnis und Kontext] zu fühlen?“

Das dritte Prinzip **lernend nach vorne gehen** betont die zentrale Haltung im Design Thinking, Ideen nicht theoretisch auszudiskutieren, sondern durch schnelles Machen und systematisches Lernen weiterzuentwickeln. Statt nach perfekten Lösungen zu suchen, werden Annahmen sichtbar gemacht, erste Prototypen erprobt und durch authentisches Nutzerfeedback geschärft. Die Schritte dabei sind:

7. *Ideen entwickeln:* In einer ersten, divergenten Phase werden möglichst viele Ideen generiert. Regeln dabei sind: Quantität vor Qualität, auf den Ideen Anderer aufbauen, ausgefallene Ideen sind willkommen, visuell kommunizieren, keine Kritik und Spaß haben. In der zweiten, konvergenten Phase wählt das Team die besten Ideen z. B. mit Klebepunkten nach den Kriterien am radikalsten (rot); vom Nutzer geliebt (gelb); am schnellsten umsetzbar (grün) aus.

8. *Prototypen umsetzen:* Um Nutzerfeedback einholen zu können, erstellt das Team in mehreren Runden einen oder mehrere haptische Prototypen der Lösung. In administrativen Prozessen können z. B. auch Screenshots genutzt werden oder Bilder zu Situationen im Sinne eines Comics gemalt werden.

9. Testen und iterieren: Zentral zur Entwicklung der Lösung ist die Bewertung durch die Nutzer. Potenzielle Nutzer testen die jeweiligen Prototypen. Die Reaktion kann durch Beobachten oder/und Interviews erfasst werden. Erfolgsfaktoren sind: kritisches Feedback ist wertvoll und das Testen an der richtigen Zielgruppe ist zu planen und auszuwerten (Feedback-Matrix: was funktioniert, was nicht, welche Learnings). Sukzessive werden die Prototypen verfeinert oder – bei mehreren initialen Prototypen – zusammengeführt.

10. *Wertschöpfung planen:* Wenn schließlich eine begeisternde Lösung gefunden wurde, ist diese in die Mission der Organisation einzufügen. Dabei wird der Nutzen geschärft und die Kommunikation darauf aufgebaut. Ein weiterer Bestandteil dieser Phase ist ein Implementierungsplan.

Design Thinking ergänzt die vorherigen Konzepte durch eine nutzerzentrierte, kreative Perspektive. Es betont Empathie und Iteration, was Innovationsfähigkeit stärkt und somit den Anstoß zur Einführung geeigneter technologischer Lösungen gibt (Technologie & Innovation). Gleichzeitig wird damit auch eine Qualitäts- und Kundenorientierung gefördert (Prozesse & Qualität) und durch die notwendige offene und innovative Haltung auch die Kultur und das Mindset (People & Culture).

2.5   Unternehmenskultur & Führungsverständnis

Kultur ist der entscheidende Hebel für nachhaltige Exzellenz oder das größte Hindernis. Operational Excellence braucht eine Kultur, die Lernen, Verantwortung und Zusammenarbeit fördert. Gleichzeitig erfordert sie ein Führungsverständnis, das Nähe zur Praxis sucht, Orientierung gibt und Vertrauen schafft.

Nach Schein (2018), S. 5 ist Unternehmenskultur alles, was eine Gruppe im Laufe ihrer Entwicklung gelernt hat, um sich an die Umwelt anzupassen und den internen Zusammenhalt sicherzustellen. Was gut funktioniert hat und als richtig angesehen wird, wird neuen Mitgliedern gelehrt. Das Ergebnis ist ein System aus Überzeugungen, Werten und Regeln, die als so grundlegend empfunden werden, dass sie aus der Bewusstheit verschwinden. Eine Exzellenz-unterstützende Kultur ist somit die Grundlage für nachhaltige Exzellenz. Einige kulturelle Aspekte sind die Grundlage für exzellente Leistungen:

- *Vorbildfunktion der Führungskräfte:* Führungskräfte müssen die Werte vorleben und einfordern. Wenn das nicht der Fall ist, sind die Bemühungen zum Scheitern verurteilt.
- *Fehlerkultur vs. Schuldzuweisung:* Die Grundhaltung in einer exzellenten Kultur ist, dass kein Mitarbeiter zur Arbeit geht, um Fehler zu machen. Wenn Fehler passieren, muss gefragt werden, warum der Prozess den Fehler zugelassen hat.
- *Empowerment & Verantwortung:* Damit einhergehend sind selbstverantwortliche Teams ein wichtiger Baustein für eine hohe Motivation der Mitarbeiter und kontinuierliche Verbesserung.
- *Transparenz und Kommunikation:* Die Kommunikationsstrukturen sind die Grundlage dafür, dass eine gemeinsame Zielvorstellung herrscht und Probleme und Abweichungen frühzeitig adressiert werden können.
- *Rituale, Routinen, Symbole im Alltag:* Standardisierte Vorgehensweisen fördern Qualität in sich wiederholenden Prozessen und schaffen ein Gemeinsamkeitsgefühl.

Unternehmenskultur und Führungsverständnis sind der Boden, auf dem die anderen Konzepte erst dauerhaft wachsen können. Ohne Führung, Vision, Transparenz, Verantwortung und eine Kultur des Lernens (Perspektive People & Culture) bleiben Lean, SCM oder Technologieprojekte Stückwerk. Motivation und Ergebnisverantwortung von Fach- und Führungskräften zahlen auf die Perspektive Finanzen & Steuerung ein. Und eine Kultur des Hinterfragens und Lernens ist grundlegend für gute Prozesse (Perspektive Prozesse & Qualität).

Abb. 2.1 Maj-Britt Pohlmann

Praxisbeispiel Maj-Britt Pohlmann

Maj-Britt Pohlmann ist eine international erfahrene Transformation Leaderin an der Schnittstelle von Prozessen, Technologie und Mensch. Mit ausgeprägtem Prozess- und Automatisierungs-Know-how, systemischem Führungsverständnis und hoher Kommunikationsstärke begleitet sie globale Veränderungsinitiativen in Operational Excellence, Digitalisierung und Nachhaltigkeit – und übersetzt Visionen konsequent in wirksame Umsetzung (Abb. 2.1).
Transformational Leadership als Erfolgsfaktor

Für eine erfolgreiche Operational Excellence Transformation ist Führung der zentrale Hebel für eine nachhaltige Verankerung im Unternehmen.

Zwei Erfolgsfaktoren der Transformational Leadership Philosophie sind:

1. Die strukturelle Verankerung der gewünschten Veränderung in Strategie, Zielsystemen und Steuerungsmechanismen
2. Klarheit, Transparenz und konsequente Zielorientierung im Führungshandeln

Operative Exzellenz entsteht nicht kurzfristig, sondern über mehrere Jahre. Entsprechend muss die strategische Ausrichtung auf einen Zeithorizont von mindestens drei bis fünf Jahren ausgelegt sein. Die angestrebten Veränderungen sind konsequent in allen strategischen Unternehmenszielen, Incentive-Systemen sowie in der gesamten Kommunikationskaskade zu verankern. Nur so entstehen die notwendige Verbindlichkeit und Ausrichtung über alle Ebenen hinweg.

Ein weiterer zentraler Erfolgsfaktor ist zielgruppenbezogene Klarheit: Führungskräfte müssen präzise kommunizieren, welche konkreten Veränderungsschritte erwartet werden und welchen Beitrag einzelne Organisationseinheiten leisten sollen. Ergänzt wird dies durch eine kontinuierliche Transparenz über den Umsetzungsstatus und auch Offenheit bei Unklarheiten oder Hindernissen. Treten diese auf, sollte entschlossen nachgesteuert und die Organisation weiter befähigt werden zur eigenständigen Steuerung unter Unsicherheit.

Aus systemischer Perspektive lässt sich ein Unternehmen mit einem Mobile vergleichen: Bewegt sich ein Element, gerät das gesamte System in Schwingung. Da Veränderung stets auch als Belastung empfunden wird, stehen gewünschten positiven Effekten häufig unerwünschte Nebenwirkungen gegenüber. Diese Spannungen gilt es auszuhalten und aktiv zu managen – durch klare Führung, konsequente Verantwortungsübernahme auf allen Führungsebenen und eine stringente Orientierung an den definierten strategischen Meilensteinen.

Nur wenn diese Voraussetzungen erfüllt sind, bewegt sich das gesamte System schrittweise in Richtung des angestrebten exzellenten Zielzustands. Führungskräfte tragen damit die Verantwortung, das „Mobile" kontinuierlich systemisch zu beobachten, gezielt nachzusteuern und gleichzeitig ausreichend Raum für eigenständige Entwicklung zu lassen. ◄

2.6   Zwischenfazit: Kein Konzept wirkt allein

Jedes der vorgestellten Konzepte bringt für sich allein wirksame Prinzipien mit, deren Verständnis wichtig ist. Aber Operational Excellence entfaltet seine volle Wirkung nur, wenn die für den Organisationskontext geeigneten Konzepte im Zusammenspiel gedacht werden. Lean und KVP wirken auf Prozesse, brauchen aber eine unterstützende Kultur. SCM bringt End-to-End-Denken, braucht aber Standardisierung und digitale Unterstützung. Change Management sorgt für Akzeptanz, reicht aber nicht, wenn Führungskräfte nicht mitziehen. Deshalb ist es wichtig, Konzepte nicht isoliert anzuwenden, sondern gezielt auszuwählen, mit den passenden Instrumenten (Kap. 3) umzusetzen und organisatorisch zu verankern (Kap. 4).

Toolbox – Instrumente für die Praxis

3

Operational Excellence wird besonders dort wirksam und konkret, wo Menschen an Prozessen arbeiten und Verbesserungen Schritt für Schritt umsetzen. Die in Kap. 2 beschriebenen Konzepte wie Lean Management, KVP oder Supply Chain Management geben dafür den Denkrahmen. Aber erst mit den passenden Instrumenten wird aus dem dort gesetzten Anspruch Realität. Die Instrumente aus der folgenden Toolbox wurden so ausgewählt, dass sie sich sowohl für kleinere als auch größere Verbesserungen eignen. Die Strukturierung entlang der in Kap. 1 eingeführten vier Perspektiven soll als Orientierung dienen und ist keine harte Wissenschaft.

3.1 Prozesse & Qualität – Instrumente für bessere Prozesse und hohe Qualität

Wer Operational Excellence in der Logistik erreichen will, muss an den Prozessen ansetzen. Und auch Qualität entsteht nicht im Qualitätsmanagement, sondern auf dem Shopfloor, wo gearbeitet, kommissioniert, gefahren, gebucht oder entschieden wird. Die Perspektive „Prozesse & Qualität" ist deshalb der erste Ankerpunkt jeder Exzellenzinitiative. In der Praxis hat es sich bewährt, zunächst mit einfachen, beobachtenden und arbeitsplatznahen Methoden zu beginnen, bevor man Prozessanalysen und digitale Modellierungen vornimmt. Diese Reihenfolge schafft Akzeptanz, Verständnis und eine gemeinsame Sprache.

© Der/die Autor(en), exklusiv lizenziert an Springer Fachmedien Wiesbaden GmbH, ein Teil von Springer Nature 2026
T. Liebetruth, *Operational Excellence für die Logistik*, essentials,
https://doi.org/10.1007/978-3-658-51241-5_3

15

Der Kreidekreis – Prozesse mit neuen Augen sehen

Ein oft unterschätzter, aber äußerst wirksamer Einstieg in die Prozessverbesserung ist die Methode des „Kreidekreises". Dabei beobachtet eine Person aber besser eine Gruppe – idealerweise mit Führungskräften, Mitglieder eines Verbesserungsteams oder anderer Bereiche (z. B. interner Kunde, IT etc.) – einen Prozess vor Ort (japanisch: Gemba), ohne einzugreifen oder zu bewerten. Man stellt sich in einen gedanklichen Kreis, der mit Kreide auf dem Shopfloor gezogen wurde und beobachtet, was tatsächlich geschieht (japanisch: Genbutsu): Wo und wie bewegen sich die Mitarbeitenden? Wo entstehen Wartezeiten? Welche unnötigen Wege fallen auf? Was passiert nicht, obwohl es sollte?

Diese Form der fokussierten Beobachtung stammt aus dem Lean Management und entfaltet gerade in logistischen Prozessen eine besondere Wirkung. Erfolgsfaktoren für eine erfolgreiche Durchführung sind:

- *Beobachtung des Prozesses, nicht der Mitarbeitenden:* Es geht im Lean Management immer um die Verbesserung des Prozesses; nie um eine Bewertung von Mitarbeitenden. Wenn Fehler im Prozess passieren, ist immer zu fragen, warum der Prozess den Fehler zugelassen hat (z. B. fehlende Markierungen, keine geschulten Standards etc.).
- *Wahl eines geeigneten Beobachtungsplatzes:* Wenn gute Erkenntnisse erzielt werden sollen, ist ein Beobachtungsplatz zu wählen, von dem aus der Ablauf nicht gestört wird und die Beobachtenden trotzdem einen guten Überblick über den Prozess und dessen Details gewinnen.
- *Dauer mindestens 30 min, besser 45 min:* Zum einen müssen sich die Mitarbeitende in den Prozessen daran gewöhnen, dass jemand beobachtet und zum anderen müssen die Beobachtenden Feinheiten im Prozess u. a. durch Vergleiche oder Wiederholungen erkennen.
- *Verstehen der Abläufe:* Statt voreilige Verbesserungsvorschläge oder gar Schuldzuweisungen zu machen, sollte die Zeit dazu genutzt werden, nachzufragen und zu verstehen, was Ursachen für eventuelle Verschwendungsarten sein könnten. Auffälligkeiten und mögliche Ursachen werden notiert und später validiert.
- *Vorabinformation, Einbeziehung der Mitarbeitendenvertretung:* Um Missverständnisse zu vermeiden (fälschlicherweise könnte angenommen werden, dass doch Mitarbeitende bewertet werden), sind die beobachteten Mitarbeitenden sowie die Mitarbeitendenvertretung zu informieren. Letztere kann sogar eingeladen werden teilzunehmen.

Der Kreidekreis wirkt hauptsächlich auf die Perspektive Prozesse & Qualität, weil er hilft, Schwachstellen und Verschwendung früh zu erkennen. Gleichzeitig stärkt er People & Culture, denn er zeigt Respekt vor der Arbeit und schafft Raum für gemeinsame Reflexion.

5S – Ordnung schaffen, Standards sichern
Aufbauend auf der Beobachtung folgt die erste sichtbare Intervention: 5S. Diese Methode dient der systematischen Organisation von Arbeitsplätzen und Bereichen. Sie beruht auf fünf aufeinander aufbauenden Schritten:

- *Sortieren:* Alles Überflüssige wird entfernt; nur das (auch in einer geeigneten Menge), was tatsächlich gebraucht wird, bleibt am Arbeitsplatz.
- *Systematisieren:* Die verbleibenden Gegenstände erhalten einen festen Platz. Das schafft Ordnung und Struktur, sodass ein schneller Zugriff möglich ist.
- *Säubern:* Arbeitsplätze werden gereinigt und inspiziert. Sauberkeit dient nicht nur der Hygiene, sondern auch der Fehlererkennung und bei Schichtdienst dem Respekt gegenüber der nachfolgenden Schicht.
- *Standardisieren:* Die erreichte Ordnung wird durch Standards gesichert z. B. durch Beschriftungen, Checklisten oder Fotos.
- *Selbstdisziplin:* Alle Beteiligten halten die Regeln ein und leben sie im Alltag. Regelmäßige Kontrollen und Vorbildverhalten (insbesondere durch Vorgesetzte) sind entscheidend.

Auch 5S stammt aus dem Lean Management, und kann grundsätzlich an jedem Arbeitsplatz oder Bereich eingesetzt werden. In der Logistik etwa in Kommissionierbereichen, im Wareneingang oder bei der Verpackung. Wenn 5S nicht nur aus einer einmaligen Aufräumaktion besteht, sondern in der Etablierung dauerhafter Standards und Routinen, verbessert 5S nicht nur die Ordnung, sondern auch Sicherheit, Effizienz und Qualität. Es braucht Vorbilder, regelmäßige Reviews und eine Einbettung in das tägliche Führungshandeln – z. B. über 5S-Audits, die auch als Kriterium in das Shopfloor-Management einfließen. Dort, wo 5S konsequent gelebt wird, entstehen stabile Prozesse, die später auch digitalisiert werden können. 5S wirkt somit stark auf die Perspektive Prozesse & Qualität, schafft aber auch Voraussetzungen für People & Culture. Denn ein gut organisierter Arbeitsplatz signalisiert Wertschätzung und Professionalität.

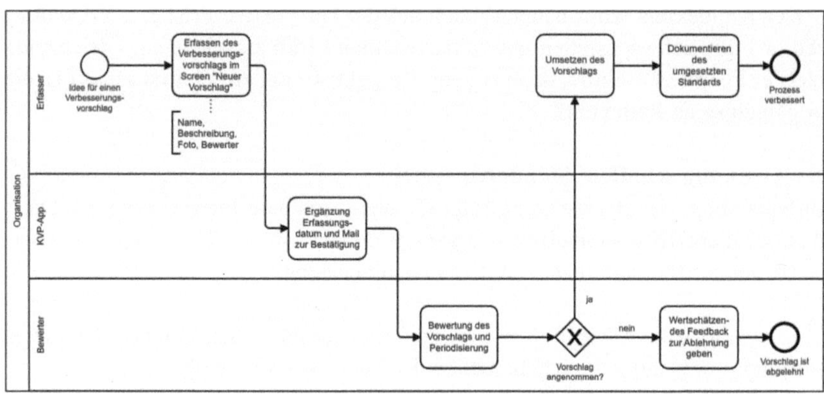

Abb. 3.1 Prozessfluss KVP-App mit BPMN 2.0. (Quelle: Eigene Darstellung)

Prozesse modellieren und optimieren mit BPMN und Wertstromanalyse

Sobald die Grundlagen zur Vermeidung von Verschwendung an einem Arbeitsplatz gelegt sind, stellt sich oft die Frage: Wie können wir unnötige Tätigkeiten in unseren Prozessen identifizieren? Und wie hängen Aktivitäten, Entscheidungen und Systeme zusammen? Deshalb spielt in der Perspektive Prozesse & Qualität die Prozessmodellierung eine Schlüsselrolle. Sie macht Abläufe und unnötige Tätigkeiten oder Schnittstellen sichtbar, schafft ein gemeinsames Verständnis über Details und Anforderungen und ist die Voraussetzung dafür, Prozessverbesserung strukturiert anzugehen. Zwei der wichtigsten Methoden sind dabei BPMN (Business Process Model and Notation) und Wertstromanalyse.

BPMN ist ein standardisiertes Verfahren zur grafischen Abbildung von Geschäftsprozessen. Es ermöglicht, Ablaufelemente, Rollen, Entscheidungen und Schnittstellen klar und verständlich darzustellen, z. B. in einem Logistikprozess, in dem Wareneingang, Einlagerung, Kommissionierung sowie Verpackung und Versand miteinander verknüpft sind. In Abb. 3.1 ist beispielhaft der Workflow einer KVP-App dargestellt. Mitarbeitende reichen Verbesserungsvorschläge ein und Vorgesetzte als Bewerter können diese annehmen, zurückstellen oder ablehnen.

Der Workflow illustriert die BPMN-typischen Elemente:

- *Pools und Lanes:* Ein Pool repräsentiert einen Teilnehmer oder einen übergeordneten Prozess; Swimlanes innerhalb eines Pools ordnen Teilprozesse oder Aktivitäten nach Rollen, Bereichen oder Verantwortlichkeiten (z. B. Lager, Versand, Kundenservice).
- *Start- und End-Events:* Definieren, wann der Prozess beginnt bzw. endet (z. B. „Auftrag erhalten" oder „Sendung versandt").

- *Aktivitäten/Tasks:* Konkrete Arbeitsschritte, z. B. „Wareneingang prüfen", „Kommissionieren", „Versand vorbereiten".
- *Gateways (Entscheidungs- oder Verzweigungspunkte):* Steuern den Verlauf: z. B. „Ist Qualität geprüft?" → Ja/Nein-Pfade. Sie können exklusiv, inklusiv sein oder parallele Abläufe erlauben.
- *Sequenzflüsse (Flows):* Linien mit Pfeilen, die vorgeben, in welcher Reihenfolge die Aktivitäten ablaufen.
- *Verbindungsarten (optional/in komplexeren Modellen):* Nachrichtenflüsse zwischen Pools (wenn Prozesse über Organisationseinheiten hinweg kommunizieren), Datenobjekte, Timer Events etc.

BPMN eignet sich besonders, wenn für Prozesse bzw. Teilprozesse Verantwortlichkeiten oder Schnittstellen über Abteilungsgrenzen definiert sind oder wenn Teile des Prozesses digital unterstützt sind (in diesem Fall können Software-Tools eine Lane repräsentieren).

Die klassische **Wertstromanalyse** (WSA, engl. Value Stream Mapping bzw. VSM) wurde ursprünglich für Produktionsprozesse bei Serienfertigern entwickelt, in denen Materialflüsse, Taktzeiten und Bestände genau erfasst und optimiert werden sollen. Sie eignet sich hervorragend, physische Abläufe und Materialflüsse zu erfassen und zu verbessern: Durchlaufzeiten, Bestände, Engpässe werden sichtbar gemacht, nicht-wertschöpfende Schritte können identifiziert werden. Logistische Elemente können allerdings nur rudimentär (Puffer zwischen Wertschöpfungsstufen) bzw. gar nicht (Transportprozesse zwischen Wertschöpfungsstufen) abgebildet werden. Wenn außerdem noch Informationsflüsse und -systeme differenziert dargestellt werden sollen, erreicht die klassische Wertstromanalyse schnell eine Grenze.

Deshalb reicht bei der Analyse von Logistikprozessen oft die klassische Wertstromanalyse nicht aus. Es haben sich zwei Erweiterungen etabliert, die speziell auf die Herausforderungen logistischer Prozesse reagieren:

- *Logistische Wertstromanalyse:* Hier werden spezielle Logistikmerkmale einbezogen – z. B. Transportzeiten, Sortierprozesse, Lagerbewegungen, Umschlagsprozesse, Rücksendungen.
- *Wertstromanalyse 4.0:* Ergänzt zusätzlich informationstechnische Flüsse (z. B. Scanning, Datenverarbeitung, Medienbrüche, Systemwechsel) und analysiert die digitale Verschwendung, die bei zunehmender Prozessautomatisierung eine zentrale Rolle spielt. So werden neben den physischen als auch digitale Flüsse und Warteschleifen sichtbar.

Da die Erläuterung der Wertstromanalyse und ihrer Erweiterungen einiges an methodisches Know-how und Platz zur Erläuterung erfordert, sei zur Vertiefung auf die umfangreichere Darstellung in Liebetruth (2024) verwiesen.

BPMN und die Wertstromanalyse ergänzen sich sehr gut. Beide verfolgen das Ziel, Prozesse transparent zu machen, setzen aber an unterschiedlichen Stellen an. BPMN eignet sich hervorragend, wenn es darum geht, schnell ein gemeinsames Verständnis über einen Prozessablauf herzustellen. Die Notation ist visuell intuitiv und relativ leicht verständlich, sodass auch ohne tiefere Modellierungskenntnisse erste Skizzen oder Grobmodelle erstellt werden können. Besonders hilfreich ist das in bereichsübergreifenden Teams – etwa, wenn Schnittstellen in Prozessen zwischen Lager, Versand und IT betrachtet werden sollen.

Die Wertstromanalyse mit ihren Ausbaustufen (logistische WSA oder WSA 4.0) hingegen ist deutlich umfassender und analytisch tiefgehender. Sie liefert sehr detaillierte und systemisch wertvolle Analysen; erfordern allerdings auch ein gewisses Maß an methodischer Erfahrung, Datentransparenz und bereichsübergreifender Zusammenarbeit. Ihr Einsatz lohnt sich vor allem bei Prozessen, die es auf absehbare Zeit noch so lange geben wird, dass sich der Aufwand zur Erstellung einer Wertstromanalyse amortisiert; z. B. wenn diese strukturell umgestaltet oder automatisiert werden sollen.

In der Praxis bietet sich daher BPMN als niedrigschwelliger Einstieg an, um Prozesse gemeinsam zu verstehen, Verantwortlichkeiten zu klären und Ansätze für Verbesserungen zu identifizieren. Wenn es sich um einen physischen Produktions- oder Logistikprozess handelt, kann eine Wertstromanalyse (klassisch, logistisch oder 4.0) als vertiefendes Analysetool dienen.

Unabhängig von der verwendeten Modellierungssystematik sind bei der Prozessmodellierung und -analyse einige Bedingungen zu beachten:

- Betroffene Mitarbeitende einbeziehen – diejenigen, die im Prozess arbeiten, kennen die Details.
- Prozessgrenzen klar festlegen – feststellen, was zum zu untersuchenden Fluss gehört und was nicht.
- Mit dem „Happy Path" beginnen – zuerst den optimalen Ablauf des Prozesses modellieren, Verzweigungen später hinzufügen.
- Balance finden zwischen Detailtiefe und Übersicht – zu feine Modelle sind schwer „wartbar"; zu grobe sind beliebig.
- Aktualität sicherstellen – Modelle und Wertstromanalysen verlieren an Wert, wenn sich Prozesse ändern, z. B. durch neue IT, Auftragsschwankungen oder neue Logistikprozesse.

Prozesse zu modellieren und verbessern ist naturgemäß eng verbunden mit den Perspektiven Prozesse & Qualität sowie Technologie & Innovation. Prozesse nicht nur zu verstehen und Ansatzpunkte zur Verbesserung zu identifizieren, sondern auch Möglichkeiten zur Automatisierung – etwa im Rahmen von Workflow-Tools oder Low-Code-Plattformen – zu analysieren ist aber auch die Grundlage für die finanzielle Steuerung.

3.2 People & Culture – Instrumente der Veränderung

Die Perspektive „People & Culture" richtet den Blick auf das, was häufig als „weiche" Faktoren bezeichnet wird, in Wahrheit aber harte Voraussetzungen für den Erfolg sind: Vertrauen, Beteiligung, Verantwortungsübernahme und lernförderliche Führung. Gerade in der Logistik, wo viele operative Tätigkeiten unter hohem Zeitdruck erfolgen, kann die Kultur schnell zu einer Art blinden Fleck werden. Dabei sind es genau die Routinen im Alltag, die darüber entscheiden, ob Verbesserungsvorschläge ernst genommen werden, ob Standards gelebt oder umgangen werden und ob Veränderungen mitgetragen werden oder stillschweigend scheitern. Die folgenden drei Instrumente helfen dabei, eine aktive Verbesserungs- und Verantwortungskultur zu fördern. Sie schaffen Transparenz, stärken die Führung vor Ort und machen die kontinuierliche Verbesserung im Alltag sichtbar.

Gemba Walk – Führung am Ort des Geschehens

Der Begriff „Gemba" stammt aus dem Japanischen und bedeutet so viel wie „der echte Ort". Im Kontext von Operational Excellence bezeichnet der Gemba den Ort, an dem Wertschöpfung tatsächlich stattfindet – in der Logistik also beispielsweise die Laderampe, der Kommissionierbereich oder der Packplatz. Ein Gemba Walk ist ähnlich wie das Instrument Kreidekreis. In Ergänzung zielt der Gemba-Walk jedoch eher auf eine Bestätigung eines definierten Prozesses. Dazu gehen Führungskräfte oder Verbesserungsteams den Prozessablauf durch, um im Dialog mit den Mitarbeitenden den Prozess besser zu verstehen, Probleme frühzeitig zu erkennen und ggf. Lösungen zu entwickeln.

Gemba Walks folgen dabei keinem Kontrollgedanken, sondern einem lernorientierten Führungsverständnis. Wer Fragen stellt, statt Anweisungen zu geben, signalisiert Respekt und Interesse. Wer zuhört statt bewertet, öffnet die Tür für neue Perspektiven. Besonders wirksam werden Gemba Walks, wenn sie regelmäßig stattfinden, einem klaren, vorher definierten Ablauf folgen (z. B. prozessspezifisch oder/und themenbezogen: Qualität oder Arbeitssicherheit im Fokus) und die

Erkenntnisse dokumentiert und weiterbearbeitet werden (z. B. in Form von Ansatz-punkten zur Weiterentwicklung von Prozessen).

Das Instrument unterstützt die Perspektiven People & Culture (Mitarbeiter-bindung, Feedbackkultur), Prozesse & Qualität (Problemerkennung) und Finanzen und Steuerung (z. B. durch messbare Verbesserungen von Durchlaufzeiten oder Fehlerquoten). Entscheidend ist die Haltung: Wer Exzellenz fordert, muss Exzel-lenz auch begleiten. Am besten vor Ort, im Gespräch und mit offenem Blick.

Shopfloor-Management – Führung in Echtzeit
Während Gemba Walks zwar regelmäßig aber trotzdem nur punktuell stattfinden, ist Shopfloor-Management die tagtägliche Führung direkt am Ort der Wertschöp-fung. Es umfasst regelmäßige Teamroutinen (z. B. tägliche Kurzbesprechungen), visualisierte Kennzahlen (z. B. auf Boards oder Bildschirmen) und standardisierte Problemlösungsmethoden. Ziel ist es, Abweichungen frühzeitig zu erkennen, Ver-antwortung an der Linie zu stärken und eine Kultur der offenen Kommunikation zu fördern.

Ein zentrales Element des Shopfloor-Managements ist die Auswahl und Visua-lisierung relevanter Kennzahlen am Shopfloor-Board, das möglichst zentral auf dem Shopfloor platziert ist. Dabei geht es nicht darum, möglichst viele Daten zu präsentieren, sondern gezielt die Kennzahlen sichtbar zu machen, die für die täg-liche Steuerung relevant sind und von den Mitarbeitern eingebracht und akzeptiert werden. Beispiele sind Auftragsrückstände, Durchlaufzeiten, Störungen oder Fehlerraten. Es hat sich bewährt, die Kennzahlen nach der Struktur SQCDP zu ord-nen. Dabei steht SQCDP für:

- Safety (Sicherheit)
- Quality (Qualität)
- Cost (Kosten bzw. Produktivität)
- Delivery (Lieferleistung)
- People (Mitarbeitende, z. B. Schulungen, Vorschläge, Zufriedenheit)

Typischerweise wird für jede Kategorie mindestens eine zentrale Kennzahl aus-gewählt, täglich aktualisiert und im Team besprochen. Auch hier geht es nicht um Kontrolle, sondern um Transparenz und Dialog: Wo stehen wir heute, wo gibt es Abweichungen zum Soll und was tun wir, wenn ein Wert rot ist? Diese Struktur bie-tet gleich mehrere Vorteile: Erstens deckt sie alle vier Perspektiven von Operational Excellence systematisch ab. Zweitens unterstützt sie die ganzheitliche Steuerung anstatt sich nur auf einzelne Kosten- oder Qualitätskennzahlen zu fokussieren. Und drittens fördert sie das Verständnis im Team: Die Farben und Symbole auf einem

SQCDP-Board machen den Zustand des Bereichs auf einen Blick erkennbar – auch ohne tiefere Zahlenkenntnisse.

In diesem Zusammenhang ist auch die 1-3-10-Regel zur Gestaltung von Visualisierungen von Kennzahlen im Shopfloor-Management zu nennen. Sie besagt, dass nach 1 s visuell erfassbar sein soll, ob es eine Abweichung gibt. Das setzt die klare Vorgabe eines Soll-Werts voraus. Nach 3 s soll die Art der Abweichung erkennbar sein und ob bereits eine Gegenmaßnahme eingeleitet ist. Und schließlich soll nach spätestens 10 s erkennbar sein, wer für die Umsetzung verantwortlich ist und wie der Status der Gegenmaßnahme ist.

Ein weiterer zu berücksichtigender Aspekt ist eine zielführende Kaskadierung der Shopfloor-Meetings. So beginnt man in der Regel auf der untersten Ebene (z. B. Team) bevor dann die Teamleiter zu einem Shopfloor-Management mit Ihrer Abteilung gehen und die wichtigsten Erkenntnisse dort einbringen. So ist sichergestellt, dass die wichtigsten Punkte schnell nach oben eskaliert werden können und notwendige Maßnahmen eingeleitet werden können.

Auch Shopfloor-Management schlägt die Brücke zwischen People & Culture, Prozesse & Qualität sowie Finanzen & Steuerung. Es stärkt das Verantwortungsgefühl der Mitarbeitenden („Wir steuern unseren Prozess selbst") und erhöht die Transparenz im gesamten Team. Führungskräfte wiederum können so Führung vor Ort ausüben und Probleme frühzeitig erkennen und adressieren. Richtig umgesetzt, wird das Shopfloor-Management zum zentralen operativen Führungsinstrument; nicht für Kontrolle, sondern für kontinuierliche Verbesserung.

Kata-Coaching – Routinen für Verbesserungsdenken
Das vielleicht anspruchsvollste Instrument in dieser Kategorie ist das Kata-Coaching als eine strukturierte Methode zur Entwicklung von Verbesserungskompetenz durch tägliches Üben. Der Begriff „Kata" stammt aus dem Kampfsport und steht für eine festgelegte Bewegungsabfolge, die durch Wiederholung zur inneren Haltung wird. Übertragen auf den Arbeitsalltag bedeutet das: Die Fähigkeit, Probleme strukturiert zu analysieren und Verbesserungen gezielt umzusetzen, wird durch tägliches Üben geschult und nicht durch einmalige Trainings.

Im Zentrum steht ein Lernzyklus, bei dem ein Coach (z. B. Teamleiter) und ein Lerner (z. B. Mitarbeitender) in kurzen Dialogen den Fortschritt einer Verbesserungsidee reflektieren. Dabei wird eine Zielstellung formuliert, der aktuelle Zustand beschrieben, Hindernisse analysiert und ein nächster kleiner Schritt definiert. Der Coach begleitet ohne Lösungen vorzugeben und hilft so, eine wissenschaftlich-methodische Denk- und Vorgehensweise zu entwickeln.

Um das Kata-Coaching besser zu verstehen, lohnt ein genauer Blick auf seine beiden zentralen Komponenten: die Verbesserungskata und die Coaching-Kata. Sie bilden gemeinsam einen Lernzyklus, mit dem methodisches Problemlösen im Alltag trainiert wird. Das ist vergleichbar mit einem Tennisspieler, der einzelne Schläge sehr oft übt, bevor er im Match improvisieren kann.

Die Verbesserungskata ist eine wiederkehrende Denk- und Handlungsroutine, mit der Mitarbeitende eigenständig und zielgerichtet Verbesserungen umsetzen. Sie besteht aus vier Schritten:

1. *Verständnis der Zielrichtung:* Wohin wollen wir (z. B. ein konkreter Prozesszustand oder eine Kennzahl)?
2. *Analyse des Ist-Zustands:* Wie sieht die Situation heute aus?
3. *Formulierung eines nächsten Zielzustands:* Was wäre ein realistischer nächster Schritt?
4. *Experimentieren und Lernen:* Welche Maßnahmen bringen uns dorthin? Was lernen wir daraus?

Diese Logik erinnert an wissenschaftliches Arbeiten und auch an das Prinzip lernend voran gehen aus dem Design Thinking: Hypothesen formulieren, testen, reflektieren und auf dieser Basis den nächsten Schritt planen. Wichtig ist, dass nicht nur „Probleme gelöst", sondern Denk- und Handlungskompetenz aufgebaut wird.

Die Coaching-Kata bildet die Ergänzung zur Verbesserungskata. Sie beschreibt, wie eine Führungskraft oder ein erfahrener Kollege den Verbesserungsprozess systematisch begleitet – nicht durch Ratschläge, sondern durch gezielte Fragen. Typischerweise finden kurze Coachings (5–10 min täglich) statt, in denen der Coach die folgenden Fragen stellt:

- Was ist dein Zielzustand?
- Was ist dein aktueller Zustand?
- Was hindert dich am Erreichen des Ziels?
- Was war dein letzter Schritt? Was hast du daraus gelernt?
- Was ist dein nächster Schritt?

Diese Fragen helfen dem „Lernenden", seine eigenen Überlegungen zu strukturieren, Hypothesen zu prüfen und aus Fehlern zu lernen. Gleichzeitig signalisiert das Coaching echtes Interesse und schafft einen geschützten Raum zum Üben.

Beide Katas – die Verbesserungskata und die Coaching-Kata – sind eng miteinander verknüpft: Die eine trainiert das strukturierte Handeln, die andere begleitet und fördert dieses Lernen. In Kombination fördern sie eine lernende, fehlerfreundliche und zielorientierte Kultur, die Operational Excellence nicht nur als Ziel, sondern als Weg versteht.

Kata-Coaching wirkt besonders stark auf People & Culture, da es Eigenverantwortung und strukturiertes Denken fördert. Es greift aber auch in die Perspektiven Prozesse & Qualität (z. B. bei stabilitätsorientierten Verbesserungen) und Finanzen & Steuerung (etwa durch Effizienzgewinne). Die größte Hürde liegt in der konsequenten Anwendung: Ohne Regelmäßigkeit und ohne echtes Coachingverständnis bleibt Kata eine Methode; mit gezieltem Coaching wird sie zur Haltung.

3.3 Finanzen & Steuerung – Instrumente der Transparenz und Effizienz

In der Perspektive „Finanzen & Steuerung" geht es um die ökonomische Grundlage von Operational Excellence. Denn Exzellenz ist nicht nur eine Frage der Qualität, sondern auch der Wirtschaftlichkeit und Steuerbarkeit. Prozesse müssen nicht nur gut sein sondern sie müssen auch wirtschaftlich gute Ergebnisse liefern. Zwei Instrumente sind in dieser Perspektive besonders bedeutsam: Logistik-Kennzahlen (oder Key Performance Indicators bzw. KPIs) und die Prozesskostenrechnung. Beide liefern die Grundlage für fundierte Entscheidungen bei der Optimierung von Abläufen, Bewertung von Outsourcing-Optionen oder Steuerung im Tagesgeschäft.

Logistik-KPIs – gezielt messen, was gesteuert werden soll
Operational Excellence für die Logistik verlangt eine klare, zielgerichtete und handlungsorientierte Auswahl geeigneter Kennzahlen. Typische, operative Logistik-Kennzahlen sind:

- *OTIF (On Time In Full):* Liefertreue in Bezug auf Termin und Vollständigkeit
- *Durchlaufzeiten:* Zeitspanne von Auftrag bis Auslieferung
- *Bestandsreichweite:* Wie viele Tage kann ohne Nachschub produziert oder geliefert werden?
- *Pickleistung pro Stunde/MA:* Effizienzkennzahl für die Kommissionierung
- *Fehlerrate pro 1000 Sendungen:* Qualitätsindikator

Diese Kennzahlen lassen sich auf verschiedenen Ebenen einsetzen:

- *Strategisch:* zur Messung von Kundenzufriedenheit oder zur Ableitung von Investitionsbedarfen
- *Taktisch:* zur Steuerung von Bereichen oder Standorten
- *Operativ:* z. B. im Shopfloor-Management zur täglichen Leistungskontrolle

Insbesondere für das, bei Operational Excellence relevante, tägliche Shopfloor-Management ist es wichtig, nicht zu viele KPIs gleichzeitig zu verwenden. Sondern eher wenige, aber aussagekräftige Größen, die mit den übergeordneten Zielen des Unternehmens verknüpft sind und gleichzeitig geeignet sind, den Mitarbeitenden in den Prozessen konkretes Feedback zu ihrer aktuellen Leistung zu geben. Die bereits im Rahmen des Shopfloor-Managements vorgestellte Struktur SQCDP (Safety, Quality, Cost, Delivery, People) bietet dafür einen verlässlichen Ordnungsrahmen. Im Folgenden werden beispielhaft zwei relevante Kennzahlen detaillierter erläutert.

Beispiel Kennzahl Liefertreue

Ein vermeintlich objektiv messbarer Einflussfaktor auf die Kundenzufriedenheit und damit die logistische Qualität ist die Liefertreue. Diese Kennzahl errechnet sich als die Anzahl termingerechter Lieferungen geteilt durch die Gesamtzahl der Bestellungen. Eine konkretere Variation dieser Kennzahl ist der Anteil OTIF-Aufträge (Anteil der Aufträge, die rechtzeitig (on time), vollständig (in full) und fehlerfrei (error free) ausgeliefert wurden).

Obwohl diese, fast bei jedem Unternehmen erhobene und für das Supply Chain Management wichtige, Kennzahl sehr eingängig erscheint, gibt es bei der Datenerhebung und Interpretation einige Herausforderungen. Denn manchmal erzielen Lieferanten und Kunden trotz gleicher Formel sehr unterschiedliche Ergebnisse. Gründe dafür können sein:

- *Zeitpunkt der Messung:* Für den Kunden ist der tatsächliche Erhalt der Ware relevant. Für die Berechnung der Kennzahl steht diese Information insbesondere für Lieferanten nicht immer lückenlos zur Verfügung. Nur wenn man die Waren selbst ausliefert oder die Information vom Dienstleister zuverlässig in das Auswertungssystem eingespielt bekommt, ist eine verlässliche Berechnung möglich. Manchmal ist nur der Zeitpunkt der Abholung durch einen Dienstleister verfügbar.
- *Zeitraum der rechtzeitigen Lieferung:* Der Soll-Liefertermin wird häufig noch mit einem Korridor um diesen Termin versehen. So werden Aufträge auch noch als rechtzeitig angesehen, wenn die Lieferung z. B. zwei Tage vorher oder einen Tag später erfolgt. Je enger dieser Korridor ist, desto „schärfer" ist auch diese Kennzahl.
- *Berechnung auf Basis einer Bestellzeile oder des gesamten Auftrags:* Unterschiedliche Ergebnisse erhält man auch, wenn die Liefertreue anhand der Bestellpositionen oder anhand ganzer Aufträge berechnet wird. Im ersten

Fall erhält man für einen Auftrag mit zehn Bestellpositionen eine Liefertreue von 90 % wenn neun davon pünktlich geliefert werden. Im zweiten Fall würde sich für dieses Beispiel eine Liefertreue von 0 % ergeben.

- *Art der Termindaten:* Beim Liefertermin muss man zwischen dem angefragten, dem bestätigten und dem tatsächlichen Liefertermin unterscheiden. In der Regel wird die Liefertreue als Differenz zwischen dem bestätigten und dem tatsächlichen Liefertermin berechnet. Unterschiede zwischen dem angefragten und dem tatsächlichen Liefertermin bestimmen die Wunschtermin-Treue. Und wenn eine hohe Übereinstimmung zwischen dem angefragten und dem bestätigten Liefertermin vorliegt, ist eine hohe Lieferfähigkeit gegeben.

Diese Kennzahl ist primär eine Analysekennzahl. Einflussfaktoren und Verbesserungspotenziale liegen neben konsistenten Erhebungsstandards in den folgenden Bereichen:

- Im Inbound-Bereich ist die (logistische) Qualität der Lieferantenbasis ein wichtiger Einflussfaktor. Maßnahmen zur Lieferantenentwicklung können die Ergebnisse ebenso verbessern wie eine enge Materialsteuerung.
- Im Bereich der Fertigung helfen durch Lean-Management und Digitalisierung verbesserte Prozesse die versprochenen Liefertermine einzuhalten.
- Im Outbound-Bereich können gutes Bestandsmanagement und eine durch Supply Chain Analytics verbesserte Nachfrageprognose unerwartete Bedarfe vermeiden. ◄

Beispiel Kennzahl Reichweite bzw. Umschlaghäufigkeit

Bestände sind für die Logistik gleichermaßen ein Erfolgs- und Kostenfaktor. Denn Bestände sind ein Ergebnis der Koordination der Supply-Chain-Prozesse. Deshalb ist die (Bestands-)Reichweite (engl. days of inventory) eine weitere wichtige Kennzahl. Sie gibt an, wie lange Materialien durchschnittlich im Lager verbleiben bzw. wie lange Bestände für die Erzielung von Umsatz reichen würden, wenn keine Nachversorgung stattfindet. Die Berechnung erfolgt, indem der Bestand durch den täglichen Verbrauch (jeweils in Stück oder EUR) dividiert wird.[1]

---

[1] Eine Alternative ist die Kennzahl Umschlagshäufigkeit (engl. Turn rate). Die Berechnung ist invers zur Reichweite: jährlicher Verbrauch geteilt durch den Bestand. Das Ergebnis zeigt an, wie oft sich rechnerisch der Bestand in einem Jahr umschlägt.

Typische Bestandsreichweiten können von wenigen Tagen (z. B. Apple: ca. 5 Tage) bis hin zu über einem halben bis einem Jahr (Herstellern von Spezialmaschinen) reichen. Unternehmen aus dem Maschinenbau, die Einzelstücke oder Kleinserien fertigen, erreichen bestenfalls etwa 90 Tage. Großserienfertiger, wie Hausgerätehersteller, können 30 Tage erzielen. Und exzellente Tier-1-Automobil-Zulieferer können auf eine Gesamtreichweite von unter 2 Wochen kommen.

Gerade weil diese Kennzahl ein sehr breites und vielfältiges Einsatzgebiet hat, sind bei Berechnung und Interpretation einige Aspekte zu berücksichtigen:

- *Unterschiedliche Bezugsgrößen (Zeitraum vs. Zeitpunkt):* Bestände sind grundsätzlich Zeitpunkt-bezogene Größen während Verbräuche Zeitraumbezogene Größen sind. Eine Lösung ist die Berechnung von Durchschnittsbeständen. Dabei ist eine einheitliche und angemessene Granularität (z. B. monatlicher oder wöchentlicher Durchschnitt) sicherzustellen.
- *Zeitbezug:* Verbräuche und Bestände der Vergangenheit zur Berechnung der Verbrauchsreichweite können falsche Signale geben, wenn sich Rahmenbedingungen in der Zukunft verändern (z. B. Veränderungen in Kunden- und/oder Produktstruktur).
- *Saisonalitäten:* Bei der Analyse der Reichweite sind auch Saisonalitäten zu berücksichtigen. Wenn der Verbrauch unterjährig stark schwankt, können jährliche Durchschnittswerte beim Verbrauch zu wenig aussagekräftigen Ergebnissen führen.

Diese Kennzahl dient primär der Information über die Lieferfähigkeit einerseits und die Kapitalbindung andererseits. Folgende, eher mittel- bis langfristig umzusetzende, Maßnahmen können die Bestandsreichweite senken:

- Im Inbound-Bereich kann eine geschickte Lieferantenintegration, wie etwa durch JIT/JIS, Vendor Managed Inventory (VMI), oder ein intelligenter Einsatz von Logistik-Servicecentern die Reichweite senken.
- Eine modulare Produktgestaltung und die Verwendung von Gleichteilen oder einheitlichen Modulen sowie Lean-Initiativen schaffen die Voraussetzungen für Durchlaufzeitreduzierungen und damit eine Senkung der WIP-Reichweite.
- Gleichzeitig können kürzere Durchlaufzeiten Reichweiten im Outbound-Bereich senken und flexiblere Reaktionen auf Nachfrageänderungen ermöglichen; weiterhin kann eine engere Zusammenarbeit mit Kunden bei der Planung helfen, Materialflüsse besser zu koordinieren und die Reichweite zu senken. ◄

Gut gewählte und definierte Logistik-KPIs haben eine positive Wirkung auf die Perspektive People & Culture: Sichtbare, gut erklärte und gemeinsam diskutierte Kennzahlen fördern Transparenz, Eigenverantwortung und Verbesserungsdenken; sie verbinden die Perspektiven Finanzen & Steuerung mit People & Culture sowie Prozesse & Qualität. Typische Stolpersteine bei der Nutzung von Kennzahlen sind, dass Kennzahlen nur erfasst, aber nicht genutzt werden, Widersprüche zwischen Kennzahlen auf unterschiedlichen Ebenen (z. B. lokale Optimierung vs. Gesamtprozess) existieren oder der Fokus auf leicht messbaren Sachverhalten anstatt auf wirklich relevanten liegt.

Prozesskostenrechnung – Wirtschaftlichkeit sichtbar machen
Die Prozesskostenrechnung ist ein Instrument des Kostenmanagements, das die klassischen Schwächen der Gemeinkostenverteilung überwinden soll. Im Gegensatz zur Zuschlagskalkulation, wo Gemeinkosten pauschal verteilt werden, nutzt die Prozesskostenrechnung – möglichst verursachungsgerecht – tatsächliche Prozesse als Bezugsgröße. Gerade in der Logistik ist diese Methode besonders nützlich. Denn Logistikkosten können oft nicht als Einzelkosten direkt Produkten zugeordnet werden, sondern haben häufig Gemeinkosten-Charakter. Wenn darüber hinaus die Logistikkosten einen hohen Anteil an den Gesamtkosten ausmachen und verschiedene Logistikleistungen oder Kundengruppen sehr unterschiedliche Aufwände verursachen, ist eine Prozesskostenrechnung dringend geboten, um die Unterschiedlichkeit der Logistikkosten einzelner Aufträge oder Kunden transparent zu machen. Deshalb liegt neben dem Kostenmanagement eine wesentliche Anwendung der Prozesskostenrechnung in der verursachungsgerechten Kalkulation von Logistikleistungen.

Das folgende Beispiel soll die Anwendung verdeutlichen: Ein mittelständischer Ersatzteilhändler arbeitet mit 10 Mitarbeitenden im Lager- und Versandbereich. Um die Kostenstruktur transparenter und verursachungsgerechter zu gestalten, möchte das Unternehmen eine Prozesskostenrechnung im Logistikzentrum einführen. Im Zentrum stehen die Teilprozesse von Kostenstellen wie „Wareneingang", „Lager", „Kommissionierung/Versand" oder „Retourenbearbeitung". Für jede dieser Kostenstellen werden die Kosten für unterschiedliche Teilprozesse ermittelt und anschließend zu Hauptprozessvarianten zusammengeführt. Das Ergebnis soll Transparenz über die Kostenstruktur schaffen, eine fundierte Basis für Make-or-Buy-Entscheidungen ermöglichen, Optimierungsszenarien bewertbar machen und verursachungsgerechte Preise für Logistikleistungen liefern.

Die konkrete Vorgehensweise orientiert sich an den folgenden Schritten (vgl. Plinke et al. 2015, S. 232):

- *Tätigkeits-/Prozessanalyse:* Zunächst sind die Prozesse und Einflussfaktoren zur Entwicklung der Kosten in den Kostenstellen zu ermitteln. So können entweder Bottom-up die Tätigkeiten analysiert und darauf aufbauend Teilprozesse gebildet werden oder Top-Down für jede Kostenstelle die Teilprozesse zusammengestellt werden. Teilprozesse können sich entlang der Schritte eines Hauptprozesses differenzieren oder sich auch durch Varianten unterscheiden. Dabei ist zwischen leistungsmengeninduzierten und -neutralen Aktivitäten zu unterscheiden. Die Analyse kann durch „Prozessinterviews" mit Leitern der Kostenstellen erfolgen.
- *Bestimmung Kostentreiber bzw. Maßgrößen:* Im nächsten Schritt sind aus den Einflussfaktoren Maßgrößen für die Teilprozesse bzw. Kostentreiber für die Hauptprozesse, als Bezugsgröße für leistungsmengeninduzierte Aktivitäten zu identifizieren (z. B. WE: Anzahl Ladungsträger). Maßgrößen bzw. Kostentreiber sind Faktoren, die einen möglichst guten Zusammengang mit dem Kostenanfall der Kostenstelle aufweisen. Anforderungen für die Kostentreiber sind: Verfügbarkeit der Informationen, Proportionalität, Verständlichkeit. Wichtig dabei ist die Konzentration auf wenige wichtige Einflussfaktoren.
- *Bestimmung Prozessmengen und -kosten:* Anschließend sind die Kosten der Kostenstelle nach Kostenarten getrennt sowie die Einheiten der Bezugsgröße (Prozessmenge der Maßgrößen bzw. Kostentreiber) für die leistungsmengeninduzierten Prozesse der Analyseperiode zu bestimmen. Daraus lassen sich die Kostensätze für die einzelnen Teilprozesse der Kostenstellen berechnen. Leistungsmengenneutrale Kosten können auf den Prozesskostensatz durch einen prozentualen Zuschlag umgelegt werden. Dieses, in Tab. 3.1 dargestellte, (Teil-)Ergebnis entspricht einer prozessorientierten Kostenstellenrechnung.

- *Hauptprozessverdichtung:* Mit diesem Zwischenergebnis kann nun eine zweckorientierte Hauptprozessstruktur ermittelt werden. Dabei können sich die Hauptprozesse Teilprozessen aus mehreren Kostenstellen „bedienen". Mit dieser Differenzierung der Teilprozesse kann auch die Differenzierung der Hauptprozesse abgebildet werden – beispielsweise verschiedene Varianten oder verschiedene Komplexitätsgrade eines Hauptprozesses.
- *Ermittlung Prozesskostensätze:* Schließlich können mit diesen Informationen die Prozesskostensätze für die jeweiligen Hauptprozesse berechnet werden. Ebenso kann mit diesen Informationen auch eine Zuordnung der Prozesskosten zu Kostenträgern erfolgen (Kostenträgerstückrechnung). Auch eine Betrachtung der Prozesskostensätze bzw. der Kosten je Kostenträger über den Zeitverlauf (Kostenträgerzeitrechnung) kann Steuerungsinformation z. B. zur Produktivität liefern.

Tab. 3.1 Prozessmengen und -kosten je Kostenstelle

Kostenstelle	Teilprozess	Maßgröße/ Kostentreiber	Gesamtkosten (EUR p. a.)	Prozessmenge (p. a.)	Kostensatz je Prozess-ausführung (EUR)
Wareneingang	A1 Anlieferung & Entladung	Anzahl Anlieferungen	50.000	2.000	25,00
	A2 Warenprüfung & Einlagerung	Anzahl Positionen	80.000	10.000	8,00
Kommissionierung	B1 Kleinteileauftrag (≤ 10 Positionen)	Anzahl Kleinaufträge	120.000	60.000	2,00
	B2 Großauftrag (> 10 Positionen)	Anzahl Großaufträge	90.000	10.000	9,00
Verpackung & Versand	C1 Standardverpackung	Anzahl Sendungen	70.000	50.000	1,40
	C2 Sonderverpackung (z. B. Gefahrgut, Sperrgut)	Anzahl Sendungen	40.000	4.000	10,00
Retourenabwicklung	D1 Prüfung & Wiedereinlagerung	Anzahl Retouren	30.000	3.000	10,00
		Summe	**480.000**		

Um nun aus den in Tab. 3.1 dargestellten Kostensätzen je Teilprozess die tatsächlichen Prozesskosten für eine einzelne Sendung (einen Hauptprozess) zu ermitteln, müssen die jeweils betroffenen Teilprozesse sendungsbezogen zusammengeführt werden. Dabei ist zu berücksichtigen, dass nicht alle Kosten direkt einer einzelnen Sendung als Kostenträger zugeordnet werden können. Prozesse wie die Teilprozesse des Wareneingangs, die der Kommissionierung oder die Bearbeitung von Retouren betreffen das Gesamtsystem und müssen daher anteilig und möglichst verursachungsgerecht umgelegt werden. Im folgenden Schritt werden daher beispielhaft die Kosten für drei exemplarische Kundenaufträge ermittelt:

- Kunde 1: Kleinteileauftrag (8 Positionen), Standardverpackung
- Kunde 2: Großauftrag (2 mal 25 Positionen), Sonderverpackung
- Kunde 3: Großauftrag (1 mal 15 Positionen), Standardverpackung

Tab. 3.2 enthält die konkreten Prozesskosten basierend auf der Struktur der Sendung (z. B. Anzahl und Art der Kommissionieraufträge, Verpackungsart) sowie die – möglichst verursachungsgerecht zugeordneten – Kosten für den Wareneingang und die Retourenbearbeitung.

Zur Umlage der Kosten für den Wareneingang und die Retourenbearbeitung müssen Annahmen getroffen werden. Im Wareneingang verursachen die Anzahl der Aufträge und Auftragspositionen höhere Kosten. Diese Größen finden sich aber nicht bei den Charakteristika der Kundenaufträge wieder. Ersatzweise bilden am ehesten die Anzahl der Kommissionieraufträge als Charakteristikum der zu kalkulierenden Kundenaufträge die Aufträge und die Auftragspositionen ab und werden anteilig auf diese umgelegt. Denn wenn mehr Kommissionieraufträge abgewickelt werden müssen, sind mehr Anlieferungen und Positionen nötig. Die Retouren werden anteilig über die Retourenquote auf die Sendungen verteilt. Es gelten also folgende Annahmen:

- Die Kosten für den Teilprozess A1 (Anlieferung & Entladung) anteilig auf einen Kommissionierauftrag umgelegt (25 EUR x (2.000/70.000) = 0,71 EUR je Kommissionierauftrag) und dann mit der Anzahl der Kommissionieraufträge je Sendung multipliziert
- Die Kosten für den Teilprozess A2 (Warenprüfung & Einlagerung) werden anteilig auf einen Kommissionierauftrag umgelegt (8 EUR x (10.000/70.000) = 1,14 EUR je Kommissionierauftrag) und dann mit der Anzahl der Kommissionieraufträge je Sendung multipliziert
- Die Kosten für den Teilprozess D1 (Retouren) werden anteilig anhand der Retourenquote von 27 % (30.000/110.000) berücksichtigt

Tab. 3.2 Prozesskostensätze exemplarische Kundenaufträge

Kunde	Auftragsart	Positionen	Verpackung	Prozesskosten je Teilprozess							Summe	Kosten je Position
				A1	A2	B1	B2	C1	C2	D1		
Kunde 1	Kleinteileauftrag	1 Sendung mit 1 Auftrag von 8 Positionen	Standard	0,71	1,14	2,00		1,40		2,70	**7,95**	**0,99**
Kunde 2	Großauftrag	1 Sendung mit 2 Aufträgen mit 25 Positionen	Sonder	1,42	2,28		18,00		10,00	2,70	**34,40**	**0,69**
Kunde 3	Großauftrag	1 Sendung mit 1 Auftrag von 25 Positionen	Standard	0,71	1,14		9,00	1,40		2,70	**14,95**	**0,60**

Diese Herausforderungen illustrieren noch einmal, dass es zum einen aufgrund des Gemeinkostencharakters keine 100 %ig richtige verursachungsgerechte Zuordnung gibt und man zum anderen zugunsten einer klaren Kostenzuordnung auf Kostenträger (in diesem Fall die Sendung) Abstriche bei der Genauigkeit machen muss. Ob und wie gut die gewählten Annahmen die Kostendifferenzierung tatsächlich abbilden, ist iterativ zu überprüfen.

Die Spalte „Kosten je Position" am Tabellenende zeigt aber schon eine gute Differenzierung. Darin werden die Kosten der Sendung durch die Anzahl der geteilt. Dabei wird deutlich, dass die Kosten für einen Kleinauftrag je Position deutlich höher sind als die für einen Großauftrag und die Kosten für einen kleinen Großauftrag noch einmal höher sind als für einen großen. Wenn man also pauschale Logistikkosten als Zuschlag für einen versendete Position oder für eine Sendung angesetzt hätte, wären die unterschiedlich aufwändigen Prozesse nicht abgebildet worden.

Zusammenfassend ist festzuhalten, dass die Prozesskostenrechnung zwar aufwändig und auch nicht immer 100 % „richtig" ist, aber trotzdem bei hohem Gemeinkostenanteil und hoher Unterschiedlichkeit von Prozessvarianten eine gute Kalkulationsgrundlage und damit ein entscheidendes Instrument für Operational Excellence ist. In Verbindung mit Lean-Instrumenten (z. B. 5S, Wertstromanalyse) und den Shopfloor-Kennzahlen bildet die Prozesskostenrechnung die finanzielle Rückkopplungsschleife der Exzellenzarbeit: Sie zeigt, ob sich Verbesserungen auch wirtschaftlich lohnen. Die Prozesskostenrechnung wirkt damit unmittelbar auf die Perspektive Finanzen & Steuerung, liefert aber auch Anhaltspunkte für Maßnahmen in den Bereichen Prozesse & Qualität (z. B. durch Identifikation ineffizienter Abläufe) und Technologie & Innovation (z. B. bei der Bewertung von Automatisierung).

3.4 Technologie & Innovation – Instrumente für die digitale Exzellenz

Die vierte Perspektive der Operational Excellence richtet den Blick auf die heute verfügbaren technologischen und innovativen Hebel, um Prozesse schneller, transparenter und skalierbarer zu machen. Gerade in der Logistik, wo Technologien zur Digitalisierung, Automatisierung und datengetriebener Steuerung mittlerweile relativ niederschwellig verfügbar sind, kommt dieser Perspektive eine besondere Bedeutung zu.

Die hier vorgestellten Instrumente – Low-/No-Code-Anwendungen und die Semantische Analyse als Design-Thinking-Methode – zeigen zwei Seiten technologischer Innovation: die operative Umsetzung technischer Lösungen und die kreative Entwicklung neuer, nutzerzentrierter Ansätze. Beide Instrumente entfalten ihre Wirkung insbesondere dann, wenn sie mit klarem Prozessverständnis, strukturierter Steuerung und einer offenen Lernkultur verknüpft werden.

Low-Code/No-Code – Digitalisierung für Praktiker
Low-Code- und No-Code-Plattformen ermöglichen es, Anwendungen, Workflows und digitale Formulare zu erstellen, ohne klassisch programmieren zu müssen. Sie bieten grafische Benutzeroberflächen, vorgefertigte Bausteine und Schnittstellen zu ERP-, WMS- oder Buchungssystemen – und senken so die Eintrittshürde für die Prozessdigitalisierung erheblich. Bei No-Code-Plattformen, wie z. B. Make oder Zapier, kann man mit Drag&Drop einen automatisierten Workflow bauen. Bei Low-Code,Plattformen, wie z. B. bei den Microsoft Produkten PowerApps oder PowerAutomate, müssen nur einzelne Code-Bestandteile wie Funktionen eingegeben werden.

Gerade wenn Prozesse digitaler werden und mehr Daten in Prozessen entstehen, sind solche Plattformen für die Logistik ein enormer Hebel, um operative Abläufe zu beschleunigen und digitale Lücken zu schließen. Beispiele für Anwendungen von einfachen Prozessautomatisierungen in der Logistik sind:

- Automatisierte Schadensmeldungen im Wareneingang
- Mobile Formulare zur Tourdokumentation oder Rückmeldung
- KPI-Dashboards für tägliche Performance-Übersichten
- Genehmigungs-Workflows für Ausnahmeregelungen oder Sondertransporte

Speziell in Unternehmen ohne umfangreiche IT-Ressourcen bieten Low-/No-Code-Ansätze die Möglichkeit, schnell, kostengünstig und passgenau zu digitalisieren, ohne zentrale Systeme zu überfrachten. Damit der Nutzen tatsächlich entsteht, braucht es jedoch einige Spielregeln:

- Die Prozesse müssen vorher sauber gedacht und modelliert werden (z. B. mit BPMN) denn die Technologie ersetzt nicht das Prozessverständnis (wenn ein schlechter Prozess digitalisiert wird, wird es ein schlechter digitaler Prozess).
- Es braucht einen Governance-Rahmen, um Datenqualität und IT-Sicherheit zu gewährleisten. Dabei spielen der Betrieb und die Wartung der Lösungen eine wichtige Rolle, da sich von Zeit zu Zeit auch Anpassungen der Plattformen ergeben können.
- Idealerweise arbeiten Fachbereiche und IT-nahe Spezialisten in funktionsübergreifenden Teams zusammen, um Anwendungsnähe mit technischer Qualität zu verbinden.

In Bezug auf die Perspektiven wirkt dieses Instrument vor allem auf Technologie & Innovation, hat aber auch starke Effekte auf Prozesse & Qualität (durch Automatisierung) sowie Finanzen und Steuerung (z. B. durch Fehlervermeidung, schnellere Freigaben, weniger Medienbrüche).

Semantische Analyse im Design Thinking – Innovation nutzerzentriert gestalten

Die Semantische Analyse ist ein schlankes, aber wirkungsvolles Instrument aus dem Design Thinking. Zu Beginn eines Kreativitätsprozesses kann sie neue Bedeutungsräume öffnen. Ausgangspunkte sind zentrale Begriffe des Problems, die in ihre sprachlichen und assoziativen Facetten zerlegt werden. Durch Synonyme, Metaphern, Gegenbegriffe oder ungewöhnliche Kontextbezüge entstehen neue gedankliche Ankerpunkte, die das Team aus festgefahrenen Denkmustern lösen. Gerade am Start eines Kreativprozesses ist die Semantische Analyse besonders geeignet, weil sie ohne großen Aufwand zu schnellen Perspektivwechseln führt, implizite Annahmen sichtbar macht und damit den Divergenzraum erweitert. Sie hilft, das Problemfeld spielerisch, aber systematisch aufzubrechen; ein idealer Einstieg, um anschließend mit Brainstorming, Prototyping und Tests weiterzuarbeiten. Die Vorgehensweise bei der Semantischen Analyse orientiert sich an fünf Schritten:

1. *Zentralen Begriff wählen:* Zunächst ist der Kernbegriff festzulegen, der Teil der Design Challenge sein soll. Ein Beispiel kann „KI für Operational Excellence" sein. Dieser Begriff wird groß in die Mitte eines Blatts/Whiteboards geschrieben.
2. *Assoziationen sammeln:* In einem zweiten Schritt sammelt das Team spontan alle Begriffe, die dazu einfallen. Das macht jedes Teammitglied zuerst für sich allein, ungefiltert und stichwortartig auf Post-Ists. Beispiele für solche Assoziationen können sein: Algorithmen, Datenqualität, Transparenz, Resilienz, Kostenreduktion, Servicelevel, Akzeptanz, Automatisierung, Sensoren, Effizienz, Stabilität, Dashboards, Machine Learning, Chatbots, Angst vor Jobverlust, Qualifizierung, Rollen, Empowerment. Um möglichst viele unterschiedliche Assoziationen zu erhalten ist es zweckmäßig, zuerst die Teammitglieder allein Post-Ist schreiben zu lassen und dann diese auf das Whiteboard oder das digitale Board zu bringen. Die Teammitglieder können dann noch weitere Assoziationen bei der Vorstellung der anderen ergänzen. So wird alles sichtbar notiert.

3. *Begriffe clustern:* Anschließend werden die Begriffe in thematische Gruppen sortiert. Für das obige Beispiel können das z. B. die folgenden sein:

- Technologie & Daten (z. B. Algorithmen, Datenqualität, Sensoren, Echtzeitdaten)
- Prozessverbesserung (z. B. Durchlaufzeit, Bestände, Engpasssteuerung, Qualität)
- Mensch & Organisation (z. B. Akzeptanz, Schulung, Rollen, Ängste)
- Ziele & Nutzen (z. B. Effizienz, Resilienz, Kundenzufriedenheit, Fehlerreduktion)

4. *Bedeutungsdimensionen ableiten und Spannungsfelder identifizieren:* Aus den Clustern werden zentrale Bedeutungsdimensionen formuliert sowie Widersprüche und Zielkonflikte herausgearbeitet. Bedeutungsdimensionen für das Beispiel können sein: Technische Machbarkeit vs. organisatorische Umsetzbarkeit, Prozesseffizienz vs. Prozessstabilität/Resilienz, Automatisierung vs. menschliche Entscheidungshoheit oder kurzfristige Kosteneffekte vs. langfristige Exzellenz. Daraus lassen sich z. B. folgende Zielkonflikte bzw. Widersprüche ableiten:

- KI kann Prozesse hochgradig automatisieren – Wie bleibt gleichzeitig genug Transparenz für Mitarbeitende?
- KI-Projekte brauchen viele Daten – Wie geht man mit schlechter Datenqualität und Insellösungen um?
- KI steigert Effizienz – Wie wird gleichzeitig die Resilienz der Lieferkette gestärkt und nicht geschwächt?

5. *Fragen und Ideenansätze formulieren und Ergebnisse visualisieren:* Aus den Bedeutungsdimensionen und Spannungsfeldern ergeben sich dann die Aspekte, die für den weiteren Kreativitätsprozess vielversprechend erscheinen, wo die größten Hebel, aber auch die größten Risiken und Widerstände liegen können oder es sich lohnt Protoypen zu bauen. Für das genannte Beispiel könnten beispielsweise konkrete Impulsfragen für den Kreativitätsprozess sein:

- „Wie können wir KI nutzen, um Engpässe in der Logistik frühzeitig zu erkennen, bevor der Kunde etwas merkt?“
- „Wie könnte eine KI-Lösung aussehen, die Mitarbeitende im Lager unterstützt, statt sie zu ersetzen?“
- „Wie nutzen wir KI, um Prozesse robuster gegenüber Störungen (Lieferverzug, Ausfälle) zu machen?“
- „Welche kleinen, schnell umsetzbaren KI-Anwendungen könnten wir testen, um erste Quick Wins für Operational Excellence zu erzielen?“

So wird die Semantische Analyse in diesem Beispiel zum strukturierten Einstieg in den Kreativitätsprozess: Sie ordnet das Thema „KI für Operational Excellence“

und öffnet gleichzeitig den Denkraum für konkrete, nutzer- und prozessorientierte Innovationsideen. Insofern stärkt sie die Perspektiven Technologie & Innovation sowie People & Culture, weil sie Beteiligung, Empathie und Kreativität fördert. Sie erzeugt nicht nur bessere Lösungen, sondern auch eine höhere Akzeptanz in der Umsetzung weil Betroffene von Anfang an beteiligt sind.

Organisatorische Umsetzung von Operational Excellence

4

Operational Excellence entfaltet ihre Wirkung nicht allein durch das Verständnis über die Perspektiven von Operational Excellence und die zugrunde liegenden Konzepte sowie den Einsatz der damit verbundenen Instrumente. Es muss an verschiedenen Stellen in der Organisation verankert werden, denn Operational Excellence ist keine klar abgegrenzte Abteilung und hat viele Schnittstellen zu anderen Einheiten. Damit Operational Excellence zur DNA von Unternehmen wird, braucht es neben dem Mindset und den richtigen Instrumenten auch klare Rollen, passende Strukturen sowie eine kluge Steuerung.

Einige Beispiele zeigen die Herausforderungen dabei. So gibt es manchmal Synergien bei der organisatorischen Integration: So sind die Führungskräfte der operativen Teams aus Produktion und Logistik Träger des Shopfloor-Managements. Sie berücksichtigen dabei Inhalte aus dem Qualitätsmanagement und nutzen im Rahmen eines kontinuierlichen Verbesserungsprozess Steuerungskennzahlen, die den Umsetzungsstand ausgewählter Maßnahmen überwachen. Manchmal fehlt allerdings die organisatorische Integration: wenn es beispielsweise gilt, richtungsweisende Entscheidungen zu neuen Technologien vorzubereiten (z. B. Einführung eines Online-Shops, um neue Kundengruppen zu erschließen), wird oft keine Prozesskostenrechnung durchgeführt, um die kostenmäßigen Auswirkungen auf die Prozesse zu ermitteln. Ebenso erfolgt die Einsatzplanung neuer Technologen, wie beispielsweise von selbstfahrenden Fahrzeugen zur Materialversorgung (AGVs) oder neuen Kommissioniertechnologien häufig, ohne die Mitarbeitenden der betroffenen Bereiche bei der Gestaltung der Prozesse einzubeziehen.

Ebenfalls gibt es für die organisatorische Verankerung von OpEx kein Standardmodell. Sie hängt vom jeweiligen Unternehmenskontext ab: Branche, Unternehmensgröße, Reifegrad, Kultur. Während kleine Unternehmen OpEx oft „neben-

© Der/die Autor(en), exklusiv lizenziert an Springer Fachmedien Wiesbaden GmbH, ein Teil von Springer Nature 2026

T. Liebetruth, *Operational Excellence für die Logistik*, essentials, https://doi.org/10.1007/978-3-658-51241-5_4

bei" im Rahmen der Linienorganisation betreiben, arbeiten größere Unternehmen mit OpEx-Teams als Stabstellen, Kompetenzzentren oder dedizierten Rollen. Deren Nukleus kann bei Finanzdienstleistern in der IT sein, bei Maschinenbauern in der Produktion oder der Qualität. Oder eine interne Unternehmensberatung ist die treibende Kraft. Entscheidend ist weniger die konkrete Strukturform, sondern die Kohärenz im Zusammenspiel von Verantwortung, Steuerung und Umsetzung. Die folgenden Ausführungen sind deshalb nur als Gestaltungsoptionen zu sehen, die auf Passigkeit zum konkreten Unternehmenskontext zu prüfen sind und ggf. angepasst oder ergänzt werden müssen.

Rollen und Verantwortlichkeiten für Operational Excellence
Zentral für eine funktionierende OpEx-Organisation ist die klare Zuordnung von Rollen. Es braucht Akteure auf verschiedenen Ebenen – mit definierten Aufgaben, Entscheidungsrechten und Kooperationsverpflichtungen. Ein mögliches, in der folgenden Abbildung dargestelltes Rollenmodell, unterscheidet fünf verschiedene Rollen (vgl. Abb. 4.1):

- *Top Management:* trägt die strategische Verantwortung, definiert Ziele, priorisiert Initiativen, stellt Ressourcen bereit und wirkt als glaubwürdiger Sponsor der Veränderung. Ohne echtes Commitment von oben bleibt OpEx ein Projekt „für andere".
- *OpEx-Team/Koordinierungsstelle:* agiert als methodisches Zentrum. Es unterstützt Fachbereiche bei der Einführung und Anwendung von Tools, moderiert Workshops, entwickelt Standards, vernetzt die Akteure und sorgt für Wissenstransfer. Die Rolle kann als Vollzeit-Team oder als Matrixfunktion organisiert sein.
- *Fachbereiche/Linienverantwortliche:* geben Impulse für Exzellenz und setzen Verbesserungen im Tagesgeschäft um. Sie kennen die Prozesse, führen Mitarbeitende und tragen die operative Verantwortung für die Umsetzung. Sie sind die „Umsetzungs-Helden" des Systems.
- *Mitarbeitende:* sind Ideengeber, Mitwirkende und oft die besten Problemerkenner. Ihre Beteiligung entscheidet über den Erfolg – und muss systematisch unterstützt werden (z. B. durch Vorschlagswesen, KVP-Runden, Shopfloor-Formate). Aber auch sie benötigen das richtige Exzellenz-Mindset.
- *Multiplikatoren:* haben Methoden-Know-how, vernetzen sich und unterstützen bei der Durchführung von Exzellenzinitiativen. Sie werden speziell geschult und sind die Umsetzungspartner (z. B. durch Moderation von Workshops, als Teil-/Projektleiter bei Verbesserungsprojekten).

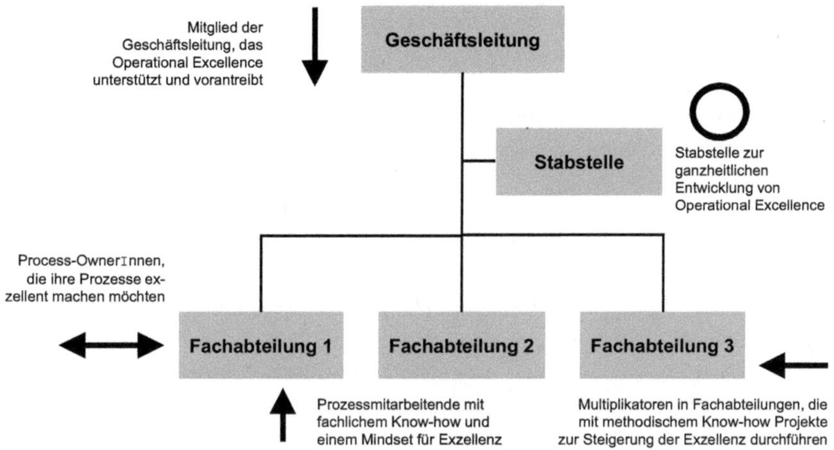

Abb. 4.1 Organisatorische Verankerung Operational Excellence (Quelle: Eigene Darstellung)

Rollen ersetzen allerdings keine Haltung. Eine OpEx-Struktur funktioniert nur dann, wenn Verantwortung geteilt, anstatt abgeschoben wird: nach dem Prinzip: zentral unterstützen, dezentral umsetzen. Auch gilt, dass Exzellenz nicht „eingekauft" oder delegiert werden kann. Sie muss in der Organisation selbst entstehen und die OpEx-Struktur muss Anschluss an das bestehende System finden, ohne zusätzliche Bürokratie zu erzeugen.

Zusammenarbeit, Teamstrukturen und Governance
Die oben beschriebenen Rollen zeigen, dass Operative Exzellenz ein Zusammenspiel über Abteilungen, Hierarchien und Standorte hinweg benötigt. Es braucht deshalb kooperationsfähige Koordinationsstrukturen, die bereichsübergreifendes Denken und Handeln fördern. Ein bewährtes Format sind interdisziplinäre Teams, die für bestimmte Verbesserungsprojekte oder die Festlegung von Leitlinien verantwortlich sind – z. B. ein Team aus Logistik, IT und Vertrieb zur Optimierung des Auftragsabwicklungsprozesses. Diese Teams bzw. die Projekte profitieren von der Vielfalt der Perspektiven, benötigen aber auch klare Zielsetzungen, Moderation und Entscheidungsbefugnisse.

Darüber hinaus kann es sinnvoll sein, interne Netzwerke oder Communities aufzubauen – etwa für Shopfloor-Management, Kata-Coaching oder Digitalisierungsthemen. Solche Netzwerke fördern Lernen, Erfahrungsaustausch und die Entwicklung einer gemeinsamen Sprache.

Schließlich müssen auch die Steuerungsmechanismen bereits bei der Integration von Operational Excellence mitgedacht werden. Darunter fallen beispielsweise:

- *Zielsysteme:* OpEx-Ziele müssen mit strategischen Unternehmenszielen verknüpft sein – z. B. über Hoshin Kanri, Balanced Scorecards oder OKR (Objectives & Key Results).
- *Kennzahlen & Reviews:* Die Wirkung von Maßnahmen sollte regelmäßig überprüft werden – z. B. im Rahmen von Steuerungskreisen oder Gemba-basierten Review-Formaten.
- *Standards & Rollenanforderungen:* Klare Erwartungshaltungen an Führungskräfte und Mitarbeitende sichern Verbindlichkeit.
- *Projektportfolios & Priorisierung:* Nicht alle Ideen können gleichzeitig umgesetzt werden – es braucht eine zentrale Stelle für Auswahl und Synchronisation.

Veränderung gestalten jenseits der Struktur
Operational Excellence ist ein Entwicklungsprozess, der Zeit, Geduld und Beharrlichkeit braucht. Deshalb ist die organisatorische Verankerung selbst ein Change-Prozess, der einige zentrale Elemente beinhalten muss:

- *Pilotprojekte und Quick Wins:* Erste sichtbare Erfolge schaffen Akzeptanz und Motivation.
- *Führungskräfteentwicklung:* Führung im Sinne von OpEx bedeutet moderieren, fragen, coachen – nicht anweisen oder kontrollieren.
- *Kommunikation:* Regelmäßige, verständliche und glaubwürdige Kommunikation ist unerlässlich – auch über Rückschläge und Lernerfolge.
- *Skalierung:* Was in einem Bereich funktioniert, kann oft auf andere übertragen werden – aber nie 1:1. Skalierung braucht Übersetzung.

Strukturen sind wichtig – aber sie sind nur dann wirksam, wenn sie von der Organisation gelebt werden. Das erfordert Vertrauen, Verbindlichkeit und Lernbereitschaft ebenso wie eine Haltung, die Operational Excellence nicht als Projekt, sondern als gemeinsame Entwicklungsreise versteht.

Fazit und Ausblick 5

Operational Excellence in der Logistik ist kein kurzfristiges Optimierungsprogramm, sondern ein langfristiger Entwicklungsansatz, der tief in der Organisation verankert werden muss. Wie dieses Buch gezeigt hat, reicht es nicht aus, einzelne Prozesse zu verbessern oder isolierte Effizienzprojekte umzusetzen. Operative Exzellenz entsteht erst dann, wenn Unternehmen die vier Perspektiven Prozesse & Qualität, People & Culture, Finanzen & Steuerung sowie Technologie & Innovation bewusst und integriert gestalten. Gerade in der Logistik, die häufig als kostengetriebene Supportfunktion wahrgenommen wird, eröffnet dieser ganzheitliche Blick die Möglichkeit, Wertbeiträge sichtbar zu machen und strategisch weiterzuentwickeln.

Die in diesem Buch vorgestellten Konzepte – allen voran Lean Management und kontinuierliche Verbesserung, Supply Chain Management, Change Management, Design Thinking sowie ein reflektiertes Führungs- und Kulturverständnis – liefern den notwendigen Denkrahmen. Sie helfen, operative Probleme nicht nur symptomatisch zu lösen, sondern systematisch an ihren Ursachen anzusetzen. Besonders für kleine und mittlere Unternehmen zeigt sich dabei, dass Operational Excellence kein Privileg großer Konzerne ist. Vielmehr können gerade KMU durch klare Prinzipien, pragmatische Methoden und kurze Entscheidungswege schnell spürbare Verbesserungen erzielen.

Für die praktische Umsetzung in der Logistik haben sich bewährte Instrumente wie Kreidekreis, Gemba Walk, Shopfloor-Management, 5S, Prozessanalysen mit BPMN 2.0, Prozesskostenrechnung und aussagekräftige Logistikkennzahlen als besonders wirksam erwiesen. Entscheidend ist dabei weniger die vollständige Einführung aller Werkzeuge als vielmehr deren konsequente, zum Kontext passende

© Der/die Autor(en), exklusiv lizenziert an Springer Fachmedien Wiesbaden GmbH, ein Teil von Springer Nature 2026
T. Liebetruth, *Operational Excellence für die Logistik*, essentials,
https://doi.org/10.1007/978-3-658-51241-5_5

Anwendung. Instrumente entfalten ihren Nutzen nur dann, wenn sie regelmäßig genutzt, reflektiert weiterentwickelt und mit konkreten Zielen verknüpft werden.

Der nachhaltige Erfolg von Operational Excellence hängt jedoch maßgeblich von der organisatorischen Verankerung ab. Rollen müssen eindeutig definiert oder neu ausgerichtet, Verantwortlichkeiten geklärt und die Zusammenarbeit zwischen Logistik, Einkauf, Produktion, IT und Controlling aktiv gestaltet werden. Zukünftige Herausforderungen wie volatile Lieferketten, steigende Nachhaltigkeitsanforderungen, Fachkräftemangel und zunehmende Digitalisierung werden den Druck auf logistische Systeme weiter erhöhen. Operational Excellence bietet hierfür einen robusten Orientierungsrahmen.

- Operational Excellence umfasst die vier Perspektiven Prozesse&Qualität, People&Culture, Finanzen&Steuerung sowie Technologie& Innovation. Unternehmen, die operativ exzellent werden möchten, müssen alle vier Perspektiven betrachten.
- Wichtige Konzepte, die Operational Excellence mit Prinzipien und Ideen versorgen, sind Lean Management und kontinuierliche Verbesserung, Supply Chain Management, Change Management, Design Thinking oder Unternehmenskultur und Führungsverständnis.
- Zur Umsetzung von Operational Excellence in der Logistik eignen sich besonders die Instrumente Kreidekreis, Gemba Walk, Shopfloor-Management, 5S, Prozessanalyse mit BPMN 2.0, Prozesskostenrechnung oder Logistik-Kennzahlen.
- Um Operational Excellence zu verankern, müssen an verschiedenen Stellen in der Organisation Rollen definiert bzw. neu ausgerichtet, die Zusammenarbeit zwischen diesen Rollen konkretisiert und Operative Exzellenz durch ständige Aktivitäten gelebt werden.

© Der/die Herausgeber bzw. der/die Autor(en), exklusiv lizenziert an Springer Fachmedien Wiesbaden GmbH, ein Teil von Springer Nature 2026
T. Liebetruth, *Operational Excellence für die Logistik*, essentials,
https://doi.org/10.1007/978-3-658-51241-5

Literaturverzeichnis/„Zum Weiterlesen"

ASQ (2025): https://asq.org/quality-resources/lean?srsltid=AfmBOooMP5wtCSuIsKsAK-CPEJaeqJA1Hfc7csnlfJRF6GBQDRr87E4h0 (zuletzt abgerufen am 12.12.2025)

CSCMP (2025): https://cscmp.org/CSCMP/CSCMP/Educate/SCM_Definitions_and_Glossary_of_Terms.aspx (zuletzt abgerufen am 12.12.2025)

Hajjem, O., Zekhnini, K., Benabdellah, A.C., Hamani, N. (2025). Assessing the Impact of Industry 5.0 on Operational Excellence Practices. In: Kahraman, C., et al. Intelligent and Fuzzy Systems. INFUS 2025. Lecture Notes in Networks and Systems, vol 1529. Springer, Cham. https://doi.org/10.1007/978-3-031-97992-7_39

Kerguenne, A., Schaefer, H., Taherivand, A. (2024). Design Thinking – Die agile Innovationsstrategie. Haufe. https://doi.org/10.34157/9783648182642

Kotter, J. P. (2007). Leading change – Why transformation efforts fail. Harvard Business Review, 85(1), 96–103.

Liebetruth, T. (2024). Prozessmanagement in Einkauf und Logistik. SpringerGabler. https://doi.org/10.1007/978-3-658-43479-3

Mueller, K., Mueller, E. (2020). Developing and analysing different definitions of operational excellence. Leadersh Educ Personal Interdiscip J 2, 75–80 (2020). https://doi.org/10.1365/s42681-020-00017-y

Plinke, W., Rese, M., & Utzig, B. P. (2015). Industrielle Kostenrechnung. Springer.

Schein, E. H. (2018). Organisationskultur und Leadership (5. Aufl.). Vahlen. https://doi.org/10.15358/9783800656608

Trakulsunti Y, Antony J, Garza-Reyes JA, Tortorella GL, Chuayjan W, Foster M (2025), "An exploration of operational excellence methodologies implementation in the logistics sectors: a global study". The TQM Journal, Vol. 37 No. 3 pp. 709–725, https://doi.org/10.1108/TQM-10-2023-0313